POTSDAM

DIE AUTORIN

Ulrike Wiebrecht arbeitete nach dem Studium der Romanistik und Philosophie zunächst in Barcelona. Seit 1995 lebt die freie Journalistin und Buchautorin in Berlin. Zu ihren Themenschwerpunkten zählen Kultur und Reisen.

www.vistapoint.de

Inhalt

Top 10 & Mein Potsdam

Stadttouren   mit Detailkarten

Streifzüge

Vista Points – Sehenswertes

Erleben & Genießen

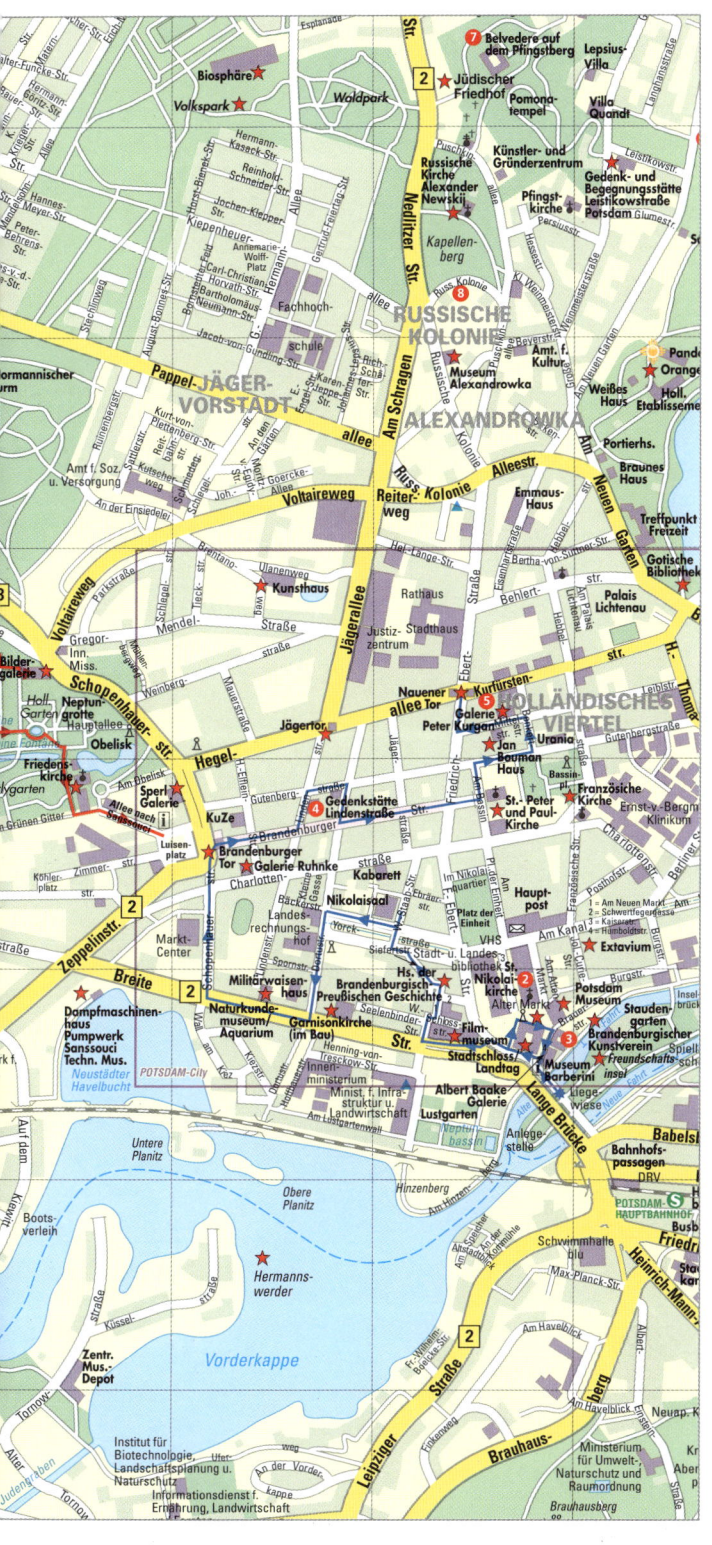

Chronik

Service von A bis Z

Zeichenerklärung

 Top 10
Das müssen Sie gesehen haben

 Mein Potsdam
Lieblingsplätze der Autorin

 Vista Point
Museen, Galerien, Architektur und andere Sehenswürdigkeiten

 Kartensymbol: Verweist auf das entsprechende Planquadrat der ausfaltbaren Karte bzw. der Detailpläne im Buch.

Willkommen in Potsdam

Hätten die preußischen Könige reisen können, wie wir es heute tun, würde es Potsdam so vielleicht nicht geben. Denn es war die Sehnsucht nach unerreichbaren fernen Ländern und Kulturen, die bei den damaligen Baumeistern den Stift führte. Als Brandenburg noch eine raue, unwirtliche Gegend war, träumten sie – beziehungsweise ihre Auftraggeber – vom antiken Griechenland, von Rom, Paris, dem Orient oder dem England der Tudors und ließen sich entsprechend inspirieren. »...daß gantze Eylandt mus ein paradis werden«, schrieb Fürst Moritz von Nassau-Siegen bereits 1664 an den Großen Kurfürsten Friedrich Wilhelm, den er in Sachen Gartengestaltung und Architektur beriet. Und mit der von ihm ausgegebenen Losung »bauen, graben, pflanzen« begann die Entwicklung Potsdams zum preußischen Arkadien, an dem Generationen von Bau-

meistern und Landschaftsgestaltern mitwirkten. Dabei war es keinesfalls nur Friedrich der Große, der die Stadt mit seinen Wünschen und Vorstellungen prägte. Auch seine Vorgänger und Nachfolger trugen mit ihrem jeweiligen Geschmack das Ihre zu dem Gesamtkunstwerk Potsdam bei, dessen Schlösser und Parks heute zum Welterbe der UNESCO gehören.

Wo sonst gibt es eine so geballte Ladung an prachtvollen Bauten wie Kirchen, Stadtpalais und Villen in Kombination mit so großzügigen Parkanlagen, die wunderbar in die havelländische Seenlandschaft eingebettet sind? Sie beschert der Landeshauptstadt des Bundeslands Brandenburg eine überdurchschnittlich hohe Lebensqualität, die immer mehr Menschen anzieht. Zudem ist Potsdam keineswegs in der Vergangenheit stehen geblieben. Heute ist es ein lebendiger Wissenschaftsstandort mit mehreren Hochschulen und Forschungseinrichtungen, in dem es neben Schlössern und Parks auch interessante Museen und Galerien sowie nette Lokale und Kleinkunstbühnen zu entdecken gibt.

Nach dem Vorbild römischer Triumphbögen errichtet: das Brandenburger Tor am Luisenplatz

Top 10: Das müssen Sie gesehen haben

Das Grüne Gitter, Haupteingang zum Schlosspark Sanssouci

1 **Schloss und Park Sanssouci**
S. 8 ff., 53 ff. ➡ C–F2–6
Wer nach Potsdam kommt, muss den Park mit dem Lieblingsschloss Friedrichs des Großen gesehen haben, der zum Weltkulturerbe der UNESCO gehört.

2 **Nikolaikirche**
S. 18, 66 f. ➡ F8
Wahrzeichen Potsdams ist die schon von Weitem sichtbare Kirche. Der römische Petersdom diente Baumeister Karl Friedrich Schinkel als Vorbild.

3 **Museum Barberini**
S. 19, 46 ff. ➡ F8
Eine der neuesten Attraktionen ist das Kunstmuseum am Alten Markt. Im Nachbau des 1945 zerstörten klassizistisch-barocken Palastes werden wechselnde Ausstellungen ersten Ranges gezeigt.

4 **Gedenkstätte Lindenstraße**
S. 21, 42 f. ➡ E7
Die Gedenkstätte erinnert daran, dass hier während der Nazizeit und in der DDR politische Gefangene inhaftiert waren.

5 **Holländisches Viertel**
S. 21, 44, 92 ➡ D/E8/9
Ein Backsteinidyll aus dem 18. Jahrhundert, in dem sich auch wunderbar einkaufen und speisen lässt.

6 **Neuer Garten**
S. 22 f., 58 f. ➡ A–C9/10
Landschaftsgarten im englischen Stil, der mit Bauwerken wie dem klassizistischen Marmorpalais sowie Schloss Cecilienhof aufwartet.

7 **Belvedere auf dem Pfingstberg**
S. 24, 60 f. ➡ A8
Das Lustschloss im Stil italienischer Renaissancevillen mit Doppelturm und Kolonnaden bietet einen schönen Ausblick.

8 **Russische Kolonie Alexandrowka**
S. 24 f., 44, 60, 67 ➡ B/C8
Ein besonders exotisches Stück Potsdam, bestehend aus dreizehn Blockhäusern samt Kirche und Museum, das zum Welterbe der UNESCO gehört.

9 Filmpark Babelsberg
S. 30, 99 ➡ H16

Direkt neben dem Studio Babelsberg lädt der Filmpark Babelsberg dazu ein, die Welt des Films auf eigene Faust zu erkunden.

10 Glienicker Brücke
S. 64 ➡ B12

Berühmt als Ort für den Agentenaustausch während des Kalten Kriegs, machte sie wie keine andere von sich reden.

Mein Potsdam
Lieblingsplätze der Autorin

Liebe Leser,

dies sind einige wenige besondere Punkte dieser Stadt, an die ich immer wieder gern zurückkehre. Eine spannende Zeit in Potsdam wünscht Ihnen

Ulrike Wiebrecht

 Pandoras Café
S. 23, 59, 82 ➡ C9

Träumen, lesen oder plaudern – dafür gibt es kaum einen schöneren Ort in Potsdam als das Sommer-Café in der Orangerie des Neuen Gartens.

 Kleines Schloss
S. 29, 82 ➡ D11

Ein besonders liebenswertes Kleinod im Park Babelsberg – bei köstlicher Schmandtorte gleitet der Blick über den Tiefen See.

 Heilandskirche Sacrow
S. 37, 64 f. ➡ aA3

Sich zwischen die Rundbögen neben dem Campanile setzen und den Blick über die Havel mit Segelbooten schweifen lassen – da kommen die Gedanken zur Ruhe.

 Einsteinturm
S. 62 ➡ südl. H9

Das Sonnenobservatorium von Erich Mendelsohn auf dem Telegrafenberg beeindruckt durch seine expressionistische Architektur.

 Wassertaxi
S. 104 ➡ F8

Gemütlich mit dem Wassertaxi von A nach B schippern. Das ist eine echte Alternative und ist viel entspannter als alle Sehenswürdigkeiten zu erlaufen.

Von Schloss zu Schloss durch den Park Sanssouci

Schloss Sanssouci – Bildergalerie – Neue Kammern
– Historische Holländermühle – Orangerieschloss –
Drachenhaus – Belvedere auf dem Klausberg – Neues
Palais – Schloss Charlottenhof – Römische Bäder –
Chinesisches Haus – Friedenskirche.

Freiwilliger Parkeintritt

Die Erhaltung der einmaligen, zum Welterbe der UNESCO gehörenden Parklandschaft hat ihren Preis, deshalb sollten Besucher
nach ihren Möglichkeiten dazu beizutragen. An den unterschiedlichen Parkeingängen stehen dafür Automaten bereit, an denen
man den freiwilligen Parkeintritt von € 2 entrichten kann. Wer
häufiger kommt, kann auch die Jahreskarte Parks & Gärten zum
Preis von € 12 erwerben. Blumen und Pflanzen werden es Ihnen
danken. Die Tickets gelten für alle Parks der Stiftung Schlösser und
Gärten. Der Park Sanssouci ist ganzjährig von morgens 8 Uhr bis
Einbruch der Dunkelheit geöffnet.

*Die dekorative Marmorgruppe »Sphinx und Putto« bewacht den Eingang
der Allee nach Sanssouci*

Ein Ort der Sorglosigkeit sollte es sein – dieses Sanssouci, das wörtlich
übersetzt »ohne Sorge« heißt. Ein Ort, an dem man den Alltag vergisst,
sich der Muße hingibt, mit Musik, Literatur und Philosophie beschäftigt, nebenbei ein bisschen Wein anpflanzt und inmitten von barocken

Grünanlagen herumspaziert. So erträumte es sich Friedrich der Große, als er den ❶ **Park Sanssouci** ➡ C–F2–6 ab 1744 anlegen ließ. Und so kann man die 290 Hektar große Gartenanlage auch heute noch erleben. Während man durch die Alleen wandelt, tauchen immer wieder Schlösser auf – eine architektonische Perle nach der anderen. Zunächst entwickelte sich der Park um die sechs Weinbergterrassen herum, die mitsamt barocken Blumenbeeten Schloss Sanssouci zu Füßen liegen. An ihnen vorbei führt die zwei Kilometer lange Hauptallee vom östlich gelegenen Obelisken zum Neuen Palais. Während sich im östlichen Teil Zier- und Nutzgärten, Fontänen und von Skulpturen gesäumte Rondelle aneinanderreihen, ist der westlich gelegene Rehgarten von Wiesen und Waldstücken geprägt. Hier ließ der Nachfolger Friedrichs des Großen, Friedrich Wilhelm II., gegen Ende des 18. Jahrhunderts die barocke Anlage im Stil eines sentimentalen Landschaftsgartens überformen. Ein weiteres Stück Gartenlandschaft steuerte schließlich Peter Joseph Lenné im Auftrag von Friedrich Wilhelm IV. mit dem Park Charlottenhof bei.

Für den vorgeschlagenen Rundgang durch das ausgedehnte Wegenetz sollte man etwa 2,5 Stunden und auch genügend Zeit einplanen, um das eine oder andere Schloss zu besichtigen.

Am besten beginnt man am ❶ **Schloss Sanssouci** ➡ D5/6, dem Lieblingsschloss Friedrichs des Großen. Zunächst ließ dieser, als er 1740 König von Preußen wurde, auf dem sogenannten Wüsten Berg nordwestlich des Stadtzentrums einen Terrassengarten anlegen, um Pflaumen, Feigen und Wein anzubauen. Da ihm dieser so gut gefiel, wünschte er sich bald auch eine Sommerresidenz an dieser Stelle. So errichtete Georg Wenzeslaus von Knobelsdorff in nur zwei Jahren, von 1745 bis 1747, das Weinbergschloss im Stil des friderizianischen Rokoko.

Entstanden ist eher eine Art Musenhof als ein Prunkschloss. Doch der noch junge Monarch wollte hier auch nicht repräsentieren, sondern sich stattdessen abseits der steifen Etikette des Stadtschlosses vergnügen, Querflöte spielen, komponieren und sich mit Philosophie und Literatur beschäftigen. Erst später führte er von hier aus auch die Staatsgeschäfte. Er liebte Sanssouci mit seinem bezaubernden Schlosspark so sehr, dass er hier auch begraben werden wollte. Dieser

Schloss Sanssouci, die Sommerresidenz Friedrichs II. von Preußen: »Quand je serai là, je serai sans souci« (Wenn ich da sein werde, werde ich ohne Sorge sein)

Konzertzimmer mit Wandbildern von Antoine Pesne im Ostflügel von Schloss Sanssouci

Wunsch erfüllte sich erst 1991. Sein Grab befindet sich seitdem auf der obersten Weinbergterrasse neben dem Schloss. Eine einfache Grabplatte markiert es. Einige Besucher legen Kartoffeln auf das Grab des »Kartoffelkönigs«, denn Friedrich der Große förderte den Anbau der damals noch unbekannten Kartoffeln in Preußen.

Betritt man die Vorhalle des Schlosses mit goldenen Stuckaturen, führt eine kleine Galerie mit französischer Malerei des 18. Jahrhunderts und einem Kamin mit Büsten der Meeresgötter Poseidon und Amphitrite in die kreisförmige Bibliothek, die eine wundervolle Zedernholztäfelung ausschmückt. Von da aus geht es ins Schlaf- und Arbeitszimmer des Alten Fritz. Neben Porträts der Königsfamilie ist hier auch der Sessel zu sehen, in dem Friedrich der Große am 17. August 1786 starb. Schönstes Rokoko dekoriert wiederum das Musikzimmer mit Gemälden von Antoine Pesne. Die philosophischen Tafelrunden fanden indessen im Marmorsaal statt, der von einem Kuppeldach gekrönt wird und sich zur Terrasse hin öffnet. Allegorische Figuren aus Stuck, die Musik, Architektur, Astronomie und Malerei verkörpern, bilden das Gegenstück zum prunkvollen Marmorfußboden. Weiteres Kleinod ist das Voltairezimmer: Ganz in Gelb gehalten, macht es mit den hübschen Vogel- und Blumenmotiven an den Wänden einen besonders freundlichen Eindruck.

Das Schloss thront über dem terrassenartigen Weinberg, zu dessen Füßen die Große Fontäne

Die »Tafelrunde von Sanssouci« (Adolph v. Menzel, 1850, Original 1945 verbrannt): Friedrich der Große mit Voltaire und Mitgliedern der Preußischen Akademie der Wissenschaften

Eine der bekanntesten Mühlen Deutschlands: die Holländermühle von Sanssouci

Wasser versprüht. Außerdem verbinden reizvolle Sichtachsen das Gebäude mit künstlichen Ruinen, antiken Staffagen, einem Rosengarten und einem Dichterhain.

Ein Stück weiter östlich liegt die **Bildergalerie** ➜ D6. Von außen her wirkt Deutschlands ältester Museumsbau relativ schlicht. Umso prunkvoller ist sein Innenleben. Von 1755 bis 1764 wurde er nach Plänen von Johann Gottfried Büring erbaut, um die Gemäldesammlung Friedrichs des Großen aufzunehmen und besteht aus nur einem einzigen lang gestreckten Raum. Der ist allerdings mit seiner überkuppelten Mitte, vergoldeten Ornamenten, Marmorfußböden und allerlei antiken und barocken Skulpturen so glanzvoll ausgeschmückt, dass es gar nicht all der Kunst bedurfte, um das Auge zu fesseln. Werke aus Hochrenaissance, Manierismus und Barock, vor allem italienische, niederländische und französische Meister sind hier zu bewundern, darunter Caravaggios »Ungläubiger Thomas« und van Dycks »Pfingstwunder«. Des Weiteren gehören sieben Werke von Peter Paul Rubens zur Dauerausstellung, außerdem Gemälde von Ciro Ferri, Jacob Jordaens, Gerard de Lairesse, Jan Lievens, Carlo Maratta und Thomas Willeboirts Bosschaert.

Über die Maulbeerallee gelangt man westlich von Schloss Sanssouci zum nächsten Schloss, den **Neuen Kammern** ➜ D5. Auch wenn es mit seinem unspektakulären Namen im Schatten des berühmten Nachbarn steht – bei näherem Hinsehen entpuppt es sich als wunderschöner Rokokobau. Von 1745 bis 1747 ebenfalls nach Entwürfen von Knobelsdorff erbaut war es ursprünglich als Orangerie geplant. Doch da bald Räumlichkeiten für Gäste und Festlichkeiten fehlten, widmete es Friedrich II. 1771 zum Wohngebäude um. Seine Pläne führten Karl von Gontard und vor allem Georg Christian Unger aus. Hinter der Fassade mit Nachbildungen von antiken Statuen aus Carrara-Marmor liegt ein quadratischer Mittelsaal, von dem zur einen Seite repräsentative Fest- und Empfangsräume, zur anderen Gästeapartments abzweigen. Sind alle Türen geöffnet, zeigt sich eine beeindruckende Raumfolge. Besonderer Blickfang ist der zentrale Jaspis-Saal, der mit edlen Steinen ausgekleidet und einem Deckengemälde mit Venusdarstellung ausgestattet ist. Schön anzusehen sind außerdem die Ovidgalerie mit Darstellungen der »Metamorphosen« auf vergoldeten Stuckreliefs und der Buffetsaal mit kostbaren Skulpturen.

Wer möchte, kann von hier aus noch einen Abstecher zur **Historischen Holländermühle** ➜ D5 unternehmen, die hinter den Neuen Kammern auf der anderen Seite der Straße Zur Historischen Mühle liegt. 1791 erbaut und bis 1858 als Getreidemühle genutzt wurde sie 1945 zerstört und in den 1980er Jahren wieder aufgebaut. Nachdem sich auch ihre Flügel wieder drehen, lockt sie mit einer Ausstellung und fantastischem Blick auf die Parklandschaft.

Ansonsten durchquert man den Sizilianischen Garten und gelangt über das Entführungsrondell mit seinen Skulpturen zur Hauptallee. Rechts davon liegt auf einer Anhöhe das **Orangerieschloss** ➡ D4. Anders als die vorherigen Schlösser geht es auf Friedrich Wilhelm IV. zurück, der eine besondere Vorliebe für Italien hatte. So orientierten sich die Entwürfe, an denen der Monarch selber mitwirkte, auch an italienischen Renaissancevillen. Mit der Ausführung betraute er zwischen 1859 und 1864 Ludwig Persius, Friedrich August Stüler und Ferdinand Hesse. Sie schufen einen prunkvollen, 300 Meter langen Bau mit Säulengalerie in der Mitte und einem Belvedere-Aufbau samt Türmen. Im vorderen Teil überwintern noch heute – der ursprünglichen Bestimmung entsprechend – in der kalten Jahreszeit die südländischen Kübelpflanzen des Parks. Rechts und links schließen sich Seitenpavillons mit festlichen Wohn- und Repräsentationsräumen an. Im Inneren besticht vor allem der prächtige Raffaelsaal, in dem rund 50 Kopien des italienischen Meisters auf roter Seidenbespannung hängen. Wunderbar ist der Blick vom Aussichtsturm, zu dem 120 Treppenstufen hinaufführen.

Ein kleiner Abstecher führt zum etwas nordwestlich gelegenen **Drachenhaus** ➡ D3, das Karl von Gontard 1770 in Form einer chinesischen Pagode nach einem Vorbild in Kanton erbaute. Namensgeber sind die 16 Drachen an den Dachecken. Ursprünglich war es als Unterkunft für einen Grenadier von Friedrich dem Großen gedacht. Seit Ende des 19. Jahrhunderts wird es als Café-Restaurant genutzt und bietet neben Kaffee und Kuchen gutbürgerliche Küche an.

Ein Stück weiter westlich vom Drachenhaus liegt das **Belvedere auf dem Klausberg** ➡ C3, ein tempelartiges Gebäude mit schönem Panoramablick auf Park- und Stadtlandschaft. Es war die letzte Baumaßnahme Friedrichs des Großen, die er um 1786 im Rahmen eines Verschönerungsplans in Angriff nahm. Für den zweigeschossigen Rundbau, der von einer Kuppel gekrönt wird, stand offensichtlich Neros Kaiserpalast in Rom Modell. Innen beeindruckt es mit seinem Stuckmarmor, dem Eichenparkett und einem Deckengemälde in der Kuppel. Nachdem das Gebäude im Zweiten Weltkrieg fast vollständig zerstört worden war, wurde es in den 1990er Jahren wieder aufgebaut und erstrahlt heute in neuem Glanz.

Ausgeschmückt mit Gemäldekopien Raffaels: der Raffaelsaal im Mittelbau des Orangerieschlosses im Park von Sanssouci

Am westlichen Ende der Hauptallee des Parks Sanssouci erhebt sich der gewaltige Schlossbau des Neuen Palais

Vom Belvedere aus läuft man wieder in südlicher Richtung über die viel befahrene Maulbeerallee in den Park zurück und weiter auf dem Lindstedter Weg zum **Neuen Palais** ➡ D/E3. Ohne den Abstecher zum Drachenhaus gelangt man auf die Hauptallee dorthin.

Schon von Weitem sichtbar ist der größte und pompöseste Schlossbau, den Friedrich der Große selber als »Fanfaronnade« bezeichnete. Doch sollte es schließlich – anders als das Lustschloss Sanssouci – vor allem Repräsentationszwecken dienen und die Besucher davon überzeugen, dass Preußen auch nach dem kostspieligen Siebenjährigen Krieg noch nicht pleite war. So mussten die Baumeister Johann Gottfried Büring, Heinrich Ludwig Manger, Carl von Gontard und Jean Laurent Legeay, die von 1763 bis 1769 an dem Rokoko-Bau mitwirkten, alles aufbieten, um ein möglichst imposantes Gebäude von 220 Metern Länge mit über 300 Zimmern zu schaffen. Allein über 400 Skulpturen

Die Römischen Bäder in der unmittelbaren Nähe von Schloss Charlottenhof

Das prächtige Chinesische Haus im Rehgarten des Parks Sanssouci

schmücken das Dach mit Kuppel. Diese wird wiederum von drei Grazien gekrönt, die die Krone Preußens tragen. Im Inneren geht es durch prunkvolle Festsäle wie den Marmorsaal mit Gemälden französischer Künstler des 18. Jahrhunderts und diverse Gästezimmer. Glanzvoller Höhepunkt ist der Grottensaal, dessen Wände aus unzähligen Muscheln, Korallen und Glasstückchen bestehen. Weiteres Kleinod ist das nach Plänen von Knobelsdorff erbaute Schlosstheater, eines der wenigen aus dieser Zeit erhaltenen Theater – liebenswerte Kulisse für Konzerte oder die Aufführungen der Potsdamer Winteroper.

Vom Neuen Palais geht es nun in südöstlicher Richtung auf dem Theaterweg am Dichterhain vorbei zum von Peter Joseph Lenné angelegten Park **Charlottenhof** ➜ F4, der so etwas wie ein Garten im Garten ist. Hauptsehenswürdigkeit ist das gleichnamige Schloss, ein Meisterwerk Karl Friedrich Schinkels. Auch dieses ist eine Zutat von Friedrich Wilhelm IV. Nachdem ihm sein Vater, König Friedrich Wilhelm III., ein barockes Gutshaus geschenkt hatte, das an dieser Stelle stand, machte er Skizzen zu seinem Siam (alter Name Thailands, das als »Land der Freien« galt) genannten Gebäude, aus denen der prominente Baumeister dann zwischen 1826 und 1829 ein klassizistisches Kleinod zauberte. Tatsächlich ist es klein, aber sehr fein: Neben dem Vestibül liegen Speisezimmer und Schreibkabinett, in dem auch Möbel aus Schinkels Feder stehen, besonderer Blickfang ist das Zeltzimmer mit blau-weißer Stoffbespannung.

Vorbei am Rosengarten erreicht man ein weiteres Juwel: die **Römischen Bäder** ➜ E4. Die asymmetrische, aus mehreren Gebäuden bestehende Anlage mit Bereichen zum Sinnieren ist eine romantische Welt für sich. Von Schinkel geplant, wurde der Bau von 1829 bis 1840 vor allem von Ludwig Persius vollendet. Hinter der Villa mit Turm im Stil italienischer Landhäuser des 15. Jahrhunderts gelangt man in einen Innenhof, wo an einer offenen Arkadenhalle das einem römischen Wohnhaus ähnelnde Badehaus mit großer Marmorbadewanne liegt. Auf der gegenüberliegenden Seite blitzt ein künstlicher See auf.

Nördlich der Römischen Bäder folgt man nun, vorbei an Meierei und Trompetenbaum, dem sogenannten Schafgraben zu einem exotischen Pavillon, der bald zwischen dichtem Grün aufblitzt, dem **Chinesischen**

Friedrich der Große

Ohne den Hohenzollernkönig Friedrich II., eine der markantesten Persönlichkeiten der deutschen Geschichte, wäre Potsdam nicht das, was es heute ist. Am 24. Januar 1712 wurde Friedrich II., auch der Große oder Alter Fritz genannt, als Sohn von Friedrich Wilhelm I., dem sogenannten Soldatenkönig, und Sophie Dorothea von Hannover geboren. Aufgrund der schweren Konflikte mit seinem Vater verbrachte er seine frühen Jahre in Neuruppin und Rheinsberg, bevor er 1740 König *in*, später *von* Preußen wurde. Während seiner Regent-

»Friedrich der Große auf den Janustempel weisend« (1763), Gemälde von Johann Heinrich Christian Franke

schaft begann er, Potsdam nach seinen Vorstellungen zu gestalten. Wichtigster Bestandteil sind sicherlich Schloss und Park Sanssouci. In der Sommerresidenz ging er ohne seine Gemahlin Elisabeth Christine – er verbannte sie sozusagen mit Beginn seiner Regentschaft ins Schloss Schönhausen – seinen Vorlieben für Musik, Literatur und Philosophie nach und erholte sich später von den Anstrengungen der drei Schlesischen Kriege. Als genialer Feldherr gelang es ihm, durch den Siebenjährigen Krieg von 1756 bis 1763 Preußen als Großmacht neben Frankreich, Großbritannien, Österreich und Russland zu etablieren. Außerdem führte er in seinem Staat, als dessen erster Diener er sich betrachtete, im Rahmen seines aufgeklärten Absolutismus zahlreiche Reformen durch und gilt als Verfechter des Toleranzgedankens. Er starb am 17. August 1786 im Schloss Sanssouci und fand hier – in der obersten Weinbergterrasse – schließlich auch die letzte Ruhe.

Haus ➜ E5. Der verspielte und vor Gold nur so strotzende Bau, in dem sich die höfische Gesellschaft zu Teezeremonien einfand, ist ein eindrucksvolles Beispiel für die aufkommende Chinamode im 18. Jahrhundert. So ließ es Friedrich II. von Johann Gottfried Büring zwischen 1754 und 1764 als kleeblattförmiges Gartenhaus erbauen. Den Pavillon schmücken vergoldete Figuren, die Musikanten und Teetrinker darstellen, im Inneren verhelfen Wände mit vergoldeten Konsolen dem dort ausgestellten Porzellan zu besonderer Wirkung.

Auf dem Weg Zum Grünen Gitter durch den Marlygarten erreicht man schließlich die letzte Station des Rundgangs, die **Friedenskirche** ➜ E6. Sie entführt wiederum in die Welt Friedrich Wilhelms IV., der hier zusammen mit seiner Gemahlin die letzte Ruhe fand. Mit dem Sakralbau wollte er ein geistliches Gegenstück zum allzu heiteren Sanssouci schaffen und ließ die Architekten Persius, Stüler und Hesse von 1845 bis 1854 ein Gebäude im Stil einer frühchristlichen Basilika errichten. Im Inneren umgeben kostbarer Marmor und ein venezianisches Originalmosaik das Mausoleum des Königspaars, in dem später auch die Gebeine von Kaiser Friedrich III. und dessen Gattin Victoria unterkamen. Zusammen mit dem Glockenturm, für den wiederum ein römischer Campanile Vorbild stand, und dem künstlich angelegten Friedensteich im von Lenné gestalteten Marlygarten bildet die Kirche den romantisch-verträumten Abschluss von Park Sanssouci.

Vom Stadtschloss zum Holländischen Viertel

Hauptbahnhof – Alter Markt – Stadtschloss – Nikolaikirche – Altes Rathaus – Marstall – Neuer Markt – Haus der Brandenburgisch-Preußischen Geschichte – Stadtkanal – Nikolaisaal – Garnisonkirche – Brandenburger Tor – Brandenburger Straße – Holländisches Viertel – St. Peter und Paul – Nauener Tor.

Läuft man vom **Hauptbahnhof** ➜ F9 aus über die Lange Brücke in Richtung Stadtzentrum, sticht sofort ein riesiger Barockbau ins Auge: das Potsdamer **Stadtschloss** ➜ F8. Auch wenn es seinem Vorgängerbau aus dem 18. Jahrhundert verblüffend ähnlich sieht – es ist eine der neuesten Errungenschaften der Stadt, die sich erst nach langen Kontroversen Mitte der 2000er Jahre dazu durchgerungen hat, das alte Hohenzollernschloss wieder aufzubauen. Nun schließt sich mit ihm die alte Wunde, die lange Zeit zwischen Altem Markt und dem gegenüberliegenden Hotel Mercure am Lustgarten klaffte. Denn das alte Stadtschloss war 1945 ausgebrannt und zu DDR-Zeiten abgerissen worden.

Im Mittelalter stand hier eine Burg, die die verschiedenen Kurfürsten immer weiter zum Schloss ausbauten. Als sich Friedrich III. 1701 zum König Friedrich I. in Preußen krönte, fügte er ihm ein neues Eingangstor hinzu, das charakteristische Fortunaportal mit der vergoldeten Glücksgöttin auf der Spitze. Sein Enkel Friedrich der Große wünschte sich im Zuge des Ausbaus von Potsdam zur Residenzstadt einen noch repräsentativeren Bau. So ließ er Georg Wenzeslaus von Knobelsdorff das Schloss zwischen 1744 und 1751 im Stil des friderizianischen Rokoko umgestalten. Im jetzigen Nachbau, der durch den massiven Einsatz

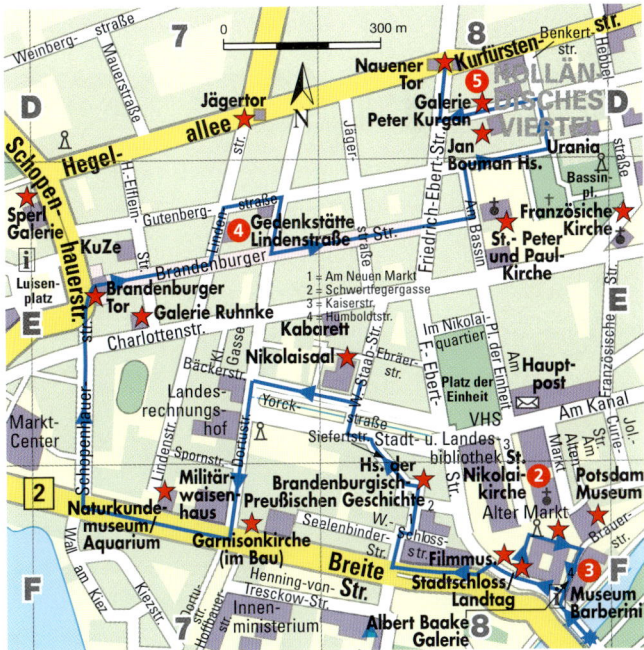

Sphinxen zieren den Obelisken vor der Nikolaikirche

einer Bürgerinitiative und von Sponsoren vorangetrieben wurde, ist inzwischen der Brandenburgische Landtag untergekommen. Das Knobelsdorff-Treppenhaus, das Foyer mit einem interaktiven Gebäudemodell, Cafeteria und Dachterrasse sind werktags von 9 bis 18 Uhr ohne Voranmeldung öffentlich zugänglich.

Der 16 Meter hohe **Obelisk** ➡ F8 aus Marmor und Sandstein mit Faksimiles von den vier bedeutenden Potsdamer Baumeistern Knobelsdorff, Schinkel, Gontard und Persius, der zeitgleich mit dem Stadtschloss entstand und 1945 zerstört wurde, steht bereits seit Ende der 1970er Jahre wieder auf dem Platz und wird derzeit restauriert.

Weiteres wichtiges Gebäude am Alten Markt ist die ❷ **Nikolaikirche** ➡ F8, die auch ein Wahrzeichen der Stadt darstellt. Vorbild für die mächtige Hallenkirche, die 1830 nach einem Entwurf von Karl Friedrich Schinkel entstand, ist der Petersdom in Rom. Die quadratische Anlage schmückt ein Giebelvorbau mit sechs Säulen, auf dem Dach thront eine weithin sichtbare Kuppel. Im Inneren haben sich von den ursprünglichen Malereien der Christus als Weltenrichter mit den zwölf Aposteln in der Apsis sowie in der Kuppel die vier Propheten auf Goldgrund erhalten. Auch der von Schinkel entworfene Altar aus schwarzem Marmor mit hölzernem Baldachin ist noch zu sehen. Mit ihm gibt der quadratische Sakralbau neben Gottesdiensten die Kulisse für zahlreiche Konzerte ab. Im Zweiten Weltkrieg wurde die Kirche schwer beschädigt und 1981 neu geweiht. Wer den Aufstieg auf die 42 Meter hohe Aussichtsplattform nicht scheut, wird mit einem wunderbaren Panoramablick auf Stadt und Umgebung belohnt.

Gegenüber der Kirche steht mit dem **Alten Rathaus** ➡ F8 ein weiterer Bau aus der Zeit Friedrichs des Großen, den zwischen 1753 und 1755 Jan Bouman und Carl Ludwig Hildebrandt errichteten. Ihm liegt eine Zeichnung des Baumeisters Andrea Palladio für einen Palazzo in Vicenza zugrunde. Dementsprechend schmücken die Fassade sieben korinthische Kolossalsäulen, darüber erheben sich überlebensgroße Skulpturen und ein Turm mit Treppengiebel, der eine goldene Atlasfigur

Die Nikolaikirche von Karl Friedrich Schinkel, rechts daneben das Alte Rathaus am Alten Markt, in der Mitte der Obelisk

Der barocke Bau des einstigen Marstalls beherbergt heute Deutschlands ältestes Filmmuseum

trägt. Wesentlich schlichter, aber ebenfalls schön anzusehen ist das benachbarte **Knobelsdorffshaus** ➡ F8, dessen Fassade Karyatiden und Giebelfiguren von Friedrich Glume und Johann Peter Benkert zieren. In beide Gebäude ist vor einiger Zeit das **Potsdam Museum** zurückgekehrt, das anhand einer Dauerausstellung und zahlreicher Biografien die Stadtgeschichte, insbesondere die der Migranten aufrollt.

Während einige umliegende DDR-Bauten aus dem Stadtbild verschwunden sind, zuletzt das Gebäude der Fachhochschule Potsdam, wurden am Alte Fahrt genannten Havel-Arm die Palazzi Chiricati und Pompei sowie das Palais Barberini rekonstruiert, die den Zweiten Weltkrieg nicht überstanden hatten. Im Palais Barberini ist seit 2017 das ❸ **Museum Barberini** ➡ F8 untergebracht, ein von Software-Millionär Hasso Plattner gestiftetes Kunstmuseum, das seit seiner Eröffnungsausstellung zum Impressionismus und zur Klassischen Moderne ein Publikumsmagnet ist.

Das einzige Gebäude, das die Zeit mehr oder weniger unbeschadet überdauert hat, ist der barocke **Marstall** ➡ F8 westlich vom Stadtschloss. 1685 als Orangerie entstanden wurde er später zum Reitpferdestall des Soldatenkönigs umfunktioniert und unter Friedrich dem Großen von dessen Baumeister von Knobelsdorff weiter verschönert. Inzwischen beherbergt der stattliche Bau Deutschlands ältestes **Filmmuseum**. Zum Fundus gehören 500 Originalkostüme und -requisiten bekannter Filme, die von 1912 an in den Babelsberger Filmstudios gedreht wurden. Ihn ergänzt ein anspruchsvolles Ausstellungs- und Filmprogramm.

Vom Filmmuseum sind es nur ein paar Schritte zum **Neuen Markt** ➡ F8, der als einer der schönsten Barockplätze Europas gilt. Nicht nur Institutionen aus Wissenschaft, Forschung und Kultur sind hier zu Hause, es haben sich auch allerlei Lokale angesiedelt, in denen es sich schön und gut speisen lässt. Als Marktplatz wurde der Neue Markt ohnehin nie genutzt. Stattdessen bestand er aus Wirtschaftsgebäuden für Pferde, Wagen und Kutschen. Mittelpunkt ist der von Johann Gregor Memhardt erbaute Kutschstall, den Hofbaumeister Andreas Ludwig Krüger Ende des 18. Jahrhunderts mit einem triumphbogenartigen Portal samt Quadriga versah. Mittlerweile lädt hier das **Haus der Brandenburgisch-Preußischen Geschichte** ➡ F8 mit der Dauerausstellung »Land und Leute« mit Stadtmodellen, Kleidern, Mobiliar, Fotos und Filmen zur Zeitreise durch die Regionalgeschichte ein. Außerdem widmen sich wechselnde Ausstellungen speziellen

Ursprünglich als Graben zur Entwässerung der sumpfigen Gebiete Potsdams angelegt: Der Stadtkanal wird mindestens einmal im Jahr geflutet

Themen wie der Frauengeschichte oder Persönlichkeiten wie Karl Friedrich Schinkel.

Hinter dem Neuen Markt ist vor einigen Jahren mithilfe von Spenden der alte, zugeschüttete **Stadtkanal** ➡ E7/8 wieder hergestellt worden. Mindestens einmal im Jahr wird er mit Wasser geflutet. Auf der anderen Seite des Kanals gelangt man in das Gebiet der barocken Stadterweiterungen. Zur Zeit Friedrichs II. wurden die eingeschossigen Typenhäuser, die sein Vater hatte erbauen lassen, mit einem weiteren Stockwerk und allerlei schmückenden Elementen versehen, während an den Rückseiten oft gespart wurde. Besonders schön ist das Gebäude in der Wilhelm-Staab-Straße 10, in dem sich der von 1830 bis 1849 nach Plänen Schinkels entstandene **Nikolaisaal** ➡ E8, Potsdams schönster Konzertsaal, versteckt.

Ein Stück weiter südwestlich, an der Breiten/Ecke Dortustraße, soll die frühere **Garnisonkirche** ➡ F7 wieder aufgebaut werden. Von Philipp Gerlach zwischen 1730 und 1735 errichtet war sie ein Hauptwerk des preußischen Barock. Große Bedeutung hatte sie auch deshalb, weil sich hier die Gruft von Friedrich Wilhelm I. und Friedrich dem Großen befand und sie 1817 Ort der Vereinigung von Reformierten und Lutheranern war. Nachdem sie 1945 zur Ruine ausbrannte, sprengte man sie 1968, sodass nur die Fundamente übrig blieben. Nach der Wende setzen sich Bürger mit Spenden für den Wiederaufbau ein. 1991 wurde bereits das berühmte Carillon, das Glockenspiel, nachgebildet, das seitdem regelmäßig erklingt. An der Breiten Straße informiert eine Ausstellung über das umstrittene Wiederaufbauprojekt. Für viele Bürger stellt die Kirche, in der am 21. März 1933 Reichskanzler Adolf Hitler und Reichspräsident Paul von Hindenburg an den Gräbern der preußischen Könige zusammenkamen, ein Symbol des Militarismus dar. Außerdem werden die hohen Baukosten kritisiert.

Im Übrigen hat bürgerschaftliches Engagement dazu beigetragen, dass in nächster Nachbarschaft auf dem von Karl von Gontard um 1771 mitgestalteten, prunkvollen **Militärwaisenhaus** ➡ F7 wieder eine Caritas-Figur den von Säulen getragenen, filigranen Turmaufsatz krönt – ein strahlender Blickpunkt inmitten der Häuserlandschaft. Während noch ein Stück weiter westlich das **Naturkundemuseum** ➡ F7 im sehenswerten »Ständehaus der Zauche« mit Aquarium und verschiedenen Ausstellungen zur Tierwelt Brandenburgs lockt, bildet weiter nördlich der Luisenplatz den westlichen Abschluss der barocken Stadterweiterung. Markantestes Gebäude ist das **Brandenburger Tor** ➡ E7, das die Architekten Carl von Gontard und Georg Christian Unger 1770 nach dem Vorbild römischer Triumphbögen errichteten. Hier nimmt die **Brandenburger Straße** ➡ E7/8, die Haupteinkaufsmeile Potsdams, ihren Anfang.

Die ❹ **Gedenkstätte Lindenstraße** ➡ E7 in der gleichnamigen Straße im Haus Nr. 54 fällt im geschäftigen Treiben der Innenstadt nicht sofort auf. Sie erinnert daran, dass hier während des Zweiten Weltkriegs NS-Gefangene und später die des sowjetischen Geheimdienstes und der DDR gefoltert wurden.

Die Brandenburger Straße führt geradewegs zur Pfarrkirche **St. Peter und Paul** ➡ E8, die am **Bassinplatz** steht, einem ehemaligen Sumpfgelände und Wasserbasin, das trockengelegt wurde. Mit ihrem byzantinisch-romanischen Stil, in den sich auch klassizistische Elemente mischen, ist der um 1870 vollendete katholische Sakralbau typisch für den damaligen Eklektizismus. Mit ihm kontrastiert das angrenzende ❺ **Holländische Viertel** ➡ D/E8/9, das ein besonders liebenswertes Stück Potsdam ist, mit hübschen Geschäften, Cafés und Restaurants. Das Viertel geht auf den Soldatenkönig Friedrich Wilhelm I. zurück, der die Straßenzüge mit roten Backsteinhäusern im niederländischen Stil für die Handwerker errichten ließ, die er aus dem Nordwesten Hollands anwarb. Dabei war ihm der ebenfalls aus Holland stammende Schiffbaumeister Jan Bouman behilflich. In seiner 44-jährigen Dienstzeit schuf er etwa 300 das Stadtbild prägende Wohn- und Geschäftshäuser, Manufakturen, Mühlen und Plätze. Mehr über ihn und das Viertel ist im 1735 entstandenen **Jan Bouman Haus** ➡ D8 mit wechselnden Ausstellungen zu erfahren.

Neben dem Holländischen Viertel bildet schließlich das **Nauener Tor** ➡ D8 den nördlichen Abschluss der Innenstadt. Für das im Stil der Neugotik gebaute Stadttor lieferte Friedrich II. höchstpersönlich 1755 die Skizze. Mit vielen Lokalen rundum, dem alteingesessenen Café Heider und dem Markt am Mittwoch und Samstag ist es ein beliebter Treffpunkt von Potsdamern und Potsdambesuchern. ■

Blütenpracht im Holländischen Viertel

Vom Neuen Garten zum Pfingstberg

Ein weiterer Höhepunkt der Landschaftsarchitektur ist neben dem Park Sanssouci der ⑥ **Neue Garten** ➤ A–C9/10 zwischen Heiligem See und Jungfernsee. 1786 von Johann August Eyserbeck im Auftrag von Friedrich Wilhelm II. angelegt ist er der erste englische Landschaftsgarten der preußischen Könige. Mit dem 102 Hektar großen Gelände wollte sich der Nachfolger Friedrichs des Großen bewusst vom inzwischen unmodern gewordenen Barockstil absetzen. Gemäß dem Vorbild, dem Landschaftspark von Wörlitz im Fürstentum Anhalt-Dessau, schlängeln sich gefällige Wege durch Wiesen und an von Schilf gesäumten Ufern vorbei, statt geometrisch angeordneter Bäume und Blumenrabatte sprießt die Pflanzenwelt hier anscheinend ganz ungezügelt. Aber sowohl Eyserbeck als auch Peter Joseph Lenné, der 1816 den Garten nochmals überarbeitete, überließen nichts dem Zufall. So verbinden akkurat konzipierte Sichtachsen Bauten wie die Gotische Bibliothek, das Grüne Haus, Muschelgrotte, Meierei und Orangerie mit weiter entfernten Punkten der Wasserlandschaft wie dem Schlosspark Glienicke, der Pfaueninsel oder der Heilandskirche von Sacrow.

Architektonisches Highlight ist das **Marmorpalais** ➤ B9, das zwischen 1787 und 1791 nach Plänen von Carl von Gontard und Carl Gotthard Langhans für Friedrich Wilhelm II. entstand. Mit dem Gebäude, dessen altrosa Fassade sich malerisch im Wasser des Heiligen Sees spiegelt, hielt zugleich der Klassizismus in Preußen Einzug. Nachdem es dem Regenten und seiner lebenslangen Begleiterin Wilhelmine Encke als Sommerresidenz gedient hatte, erkoren es später deren Nachfolger, Kaiser Wilhelm II. und seine Gemahlin Auguste-Victoria zu ihrem Wohnsitz. Nach aufwendigen Restaurierungsarbeiten erstrahlen Grottensaal, Konzertsaal und Wohnräume mit prachtvollen Seidenbespannungen, Stuckaturen, Marmorkaminen, Gemälden von Angelika Kaufmann, antiken Skulpturen und kostbarer englischer Wegdwood-Keramik heute wieder in schönstem Glanz. Besonderes Kleinod ist das orientalische

Am Ufer des Heiligen Sees: das Marmorpalais für Preußenkönig Friedrich Wilhelm II.

Das Domizil für Kronprinz Wilhelm und seine Gemahlin Kronprinzessin Cecilie: Schloss Cecilienhof im Neuen Garten

Kabinett, das mit blauweißem Atlas, Leopardenseide und einem Diwan an ein türkisches Zelt erinnert.

Ganz anders präsentiert sich das **Schloss Cecilienhof** ➡ A9/10 im nördlichen Teil des Neuen Gartens unweit des Jungfernsees. Paul Schultze-Naumburg erbaute es zwischen 1913 und 1917 für Kronprinz Wilhelm und dessen Gattin Cecilie von Mecklenburg-Schwerin. Das verschachtelte Gebäude mit Fachwerkfassade und Butzenscheiben im englischen Tudorstil hat so gar nichts von einem prunkvollen Schloss. Stattdessen wirkt es wie ein verspielter Landsitz. Und wohl kaum jemand würde vermuten, dass ausgerechnet hier das Schicksal Deutschlands besiegelt wurde. Als Harry S. Truman, Joseph W. Stalin und Winston Churchill in Cecilienhof während der Potsdamer Konferenz vom 17. Juli bis 2. August 1945 am berühmten runden Tisch zusammen saßen, legten sie die neuen Grenzverläufe des inzwischen befreiten Europas, die Aufteilung des besiegten Deutschlands und die Höhe der Reparationszahlungen fest. Neben dem Konferenzsaal sind heute noch das Arbeitszimmer der russischen Delegation sowie das Privatzimmer der Kronprinzessin zu sehen. In den übrigen Gebäudeteilen ist ein Luxushotel mit Restaurant untergekommen, das wegen Restaurierungsarbeiten am Schloss bis 2020 geschlossen bleibt.

Beim einstündigen Rundgang durch den Neuen Garten lassen sich außerdem noch andere Gebäude entdecken – zum Beispiel die **Schlossküche** ➡ B/C9 in Gestalt eines versunkenen Tempels in nächster Nähe zum Marmorpalais, die **Gotische Bibliothek** ➡ D9 am Südende des Heiligen Sees oder die **Pyramide** ➡ B9, die als Eiskeller zum Frischhalten von Lebensmitteln fungierte. Aus der historischen, 1791 von Langhans erbauten **Meierei** ➡ A9/10 ist heute ein beliebtes Ausflugsrestaurant mit großem Biergarten am Wasser geworden. In der nahe dem westlichen Parkeingang liegenden **Orangerie** ➡ C9 mit ägyptischem Portal samt Sphinx, wo in der kalten Jahreszeit die zarten mediterranen Kübelpflanzen überwintern, lädt in der Sommersaison ✿**Pandoras Café** zur Verschnaufpause ein. Schließlich versteckt sich am nördlichen Ende des Neuen Gartens noch eine **Crystall- und Muschelgrotte** ➡ A10, in der sich die früheren Benutzer des Gartens an allzu heißen Sommertagen Abkühlung verschafften.

Der fantastische Weitblick entschied den Standort: das Belvedere auf dem Pfingstberg

Verlässt man die Grünanlage durch das westliche Albrechtstor, gelangt man zu einem weiteren Anhängsel des Neuen Gartens, das Lenné nach 1860 auf dem **Pfingstberg** ➡ A8 im englischen Stil gestaltete. Ein Serpentinenweg führt zu der Anhöhe hinauf, auf der sich heute mit dem ❼ **Belvedere** eins der eindrucksvollsten Gebäude Potsdams erhebt. Es bietet die wohl schönste Weitsicht auf Stadt, Park- und Wasserlandschaft. Das stolze Gebäude mit Doppelturm und Kolonnaden im Stil italienischer Renaissancevillen ist ein Gemeinschaftswerk von Ludwig Persius, Friedrich August Stüler, Ludwig Ferdinand Hesse und Ferdinand von Arnim und entstand zwischen 1847 und 1863. Umgeben ist es von Rasenparterres und einem Vorhof mit Laubengang, im Innenhof befindet sich ein Wasserbecken zur Versorgung des Neuen Gartens. Dicht dabei steht der kleinere, aber sehr feine **Pomonatempel** (1801) ➡ A8, ein Jugendwerk des gerade 19-jährigen Karl Friedrich Schinkel. Ursprünglich war er als Teepavillon konzipiert – Namensgeberin war die römische Göttin des Obstsegens Pomona. Unterhalb vom Pfingstberg liegt der **Jüdische Friedhof** ➡ A8 mit zum Teil Jahrhunderte alten Gräbern.

Russische Kolonie Alexandrowka

Ein Stück weiter südlich überrascht ein besonders exotisches Stück Potsdam, die ❽ **Russische Kolonie Alexandrowka** ➡ B/C8. Sie gehört ebenso wie Park Sanssouci, die Schlösser und der Neue Garten seit 1999 zum Welterbe der UNESCO. Die 13 Holzhäuser, die Friedrich Wilhelm III. um 1826 erbauen ließ, sollten seinem kurz zuvor verstorbenen Freund Zar Alexander ein bleibendes Denkmal setzen. Der Garten wurde von Lenné gestaltet, mit Alleen, die sich in einem Andreaskreuz treffen – damit sollte dem wichtigsten Heiligen der russischen Kirche, dem Apostel Andreas gehuldigt werden. In den Blockhäusern, die hundert Militärsoldaten errichteten – in Wirklichkeit handelt es sich um simple Fachwerkhäuser, die mit Holzbohlen, Balkonen und Schnitzwerk verziert sind – fanden die Sänger des preußischen Garderegiments eine Heimat, die nach dem Sieg der preußischen und russischen Truppen über Napoleon als »Geschenk« des Zaren in preußischen Diensten blieben. Allerdings durften nur verheiratete Sänger hier einziehen und die Häuser nicht veräußert, sondern nur in der männlichen Linie weiter vererbt werden. Dadurch fielen viele Häuser später wieder an den König zurück, nur zwei Familien leben hier noch in der sechsten bzw. siebten Generation.

Nördlich der Holzhäuser, auf dem Kapellenberg, steht die hübsche **Alexander-Newski-Kirche** ➡ B8 von 1826, die nach dem Vorbild der heute nicht mehr existierenden Kiewer Desjatin-Kirche nach einem Entwurf von Karl Friedrich Schinkel entstand. Über dem Südtor ist der Großfürst und Nationalheilige Russlands, Alexander Newski, zu sehen.

Im Übrigen gibt ein kleines **Museum** ➡ C8 Einblick in das frühere Leben in der Kolonie. Es ist sozusagen ein begehbares Baudenkmal von 1826, die Innenräume sind im Stil des Biedermeier eingerichtet. Außerdem gehört der 2000 Quadratmeter große, von Lenné gestaltete Garten mit über 500 verschiedenen Obstbäumen zum Museum. Hier lädt auch ein Gartencafé zur kleinen Stärkung ein, im dazugehörigen Shop sind Souvenirs und Literatur zum Thema zu finden.

Beliebt ist außerdem das **Russische Restaurant und Teestube** ➡ C8 in Haus 1. Im urigen Ambiente des Blockhauses werden Spezialitäten wie Soljanka, Borschtsch, Kaviar, russischer Schweinebraten oder Eis aus Moskau serviert.

Ein typisches Haus in der Alexandrowka mit aufwendigen Holzschnitzereien

Blick auf die Schiffbauergasse und die Nikolaikirche

Schiffbauergasse

Das Herz des jungen, innovativen Potsdam schlägt in der **Schiff-bauergasse** ➡ D10 in der Berliner Vorstadt. Dabei handelt es sich nicht etwa um eine schmale Straße, vielmehr eine etwa zwölf Hektar große Halbinsel, die in den Tiefen See hineinragt. Hier füllen Theater, Musik, Tanz, Design und Hightech die historischen Gebäude mit neuem Leben und haben das Gelände zu einem modernen Quartier werden lassen, das einen spannenden Gegenpol zu den historischen Schlössern und Gärten bildet.

Dabei hat das Gebiet eine lange und sehr wechselvolle Geschichte mit vielfachen Nutzungen hinter sich. Wo sich einst Wiesen und Äcker befanden, ließ Friedrich der Große im 18. Jahrhundert in einer Zichorienmühle aus den getrockneten Wurzeln der Blauen Wegwarte den Ersatzstoff für das damalige Modegetränk Kaffee herstellen, der für viele Bürger unerschwinglich war. Im frühen 19. Jahrhundert wurden hier außerdem Dampfschiffe gebaut. Als der schottische Dampfschiffbauer John Barnett Humphrey mit seinem Betrieb 1821 in Konkurs ging, nahm hier stattdessen 1856 die erste große Gasanstalt Deutschlands ihren Betrieb auf. Die Schlote, Gasbehälter, Kohlelager und Ofenanlagen, die der Stadt zur Beleuchtung verhalfen, prägten bis 1990 das Bild. Gleichzeitig wurde die Schiffbauergasse militärisch genutzt. Schon 1822 hatte Schinkel eine Reitstallanlage und eine Reithalle entworfen, später kamen noch eine Kaserne für ein Regiment sowie Funktionsgebäude wie die königliche Garnisons-Dampfwäscherei dazu. Nach dem Zweiten Weltkrieg teilten sich schließlich die Rote Armee, die Nationale Volksarmee der DDR, der russische Geheimdienst KGB und die VEB Textilreinigung das Areal.

Nach der Wende begannen Künstler und freie Kulturträger das brachliegende Gebiet für sich zu erobern. Aus der alten **Fabrik** wurde ein Ort für zeitgenössischen Tanz, aus dem historischen **Waschhaus** und dem **T-Werk** ein Schauplatz für Rock- und Jazzkonzerte, Filmabende oder Partys. In der früheren **Zichorienmühle**, einem neogotischen, einer Mühle ähnelnden Gebäude von Ferdinand Ludwig Hesse, kam das italienische Lokal **Il Teatro** unter und gleich daneben wurde aus einem alten Kahn das **Restaurantschiff John Barnett**, das seitdem neben einer kleinen Marina, einer Floßstation und Schiffsanlegestelle vor Anker liegt.

Vornehmliches Aushängeschild und so etwas wie das Wahrzeichen der Schiffbauergasse ist das **Hans-Otto-Theater**. Schon von weitem sichtbar – und besonders schön vom Schiff oder dem gegenüberliegenden Park Babelsberg anzusehen – sind die sieben roten Stahlbetonscheiben seines Dachs, die wie Rosenblätter aufgefächert sind und sich malerisch im Wasser spiegeln. Längst hat sich das 2006 eingeweihte Werk des Kölner Architekten Gottfried Böhm als Spielstätte des Mehrspartentheaters bewährt. Davor liegt das **Theaterschiff**, das neben Theater auch Kabarett und Konzerte veranstaltet.

Weitere Institutionen wie die Bundesstiftung für Baukultur oder der Landesverband der Musikschulen Brandenburgs zogen her, 2008 öffnete zudem das **Kunstmuseum FLUXUS+** seine Pforten. Schwerpunkt der Sammlung von Installationen, Fotos, Filmen, Videos und anderen Objekten sind Arbeiten des Fluxuskünstlers Wolf Vostell. In einem weiteren Teil des Museums werden andere Künstler des 20. und 21. Jahrhunderts in wechselnden Ausstellungen präsentiert.

So kann man in der Schiffbauergasse von einem Kunst- oder Veranstaltungsort zum anderen flanieren, den Theater- oder Konzertabend bei guter italienischer Küche oder auch nur einem Glas Wein mit Blick auf den Park Babelsberg und die umliegende Wasserlandschaft ausklingen lassen – und sich davon überzeugen, wie sich eine Industriebrache neu erfinden kann.

Schloss und Park Babelsberg

Wieder einen anderen Akzent setzt der **Park Babelsberg** ➡ C–E11–13 in der Potsdamer Gartenlandschaft. Der Landschaftsgarten, der frei zugänglich und auf einigen, genau einzuhaltenden Wegen auch mit dem Fahrrad zu befahren ist, geht auf den Gartenbaumeister Peter

Schöne Aus- und Ansichten: Schloss Babelsberg inmitten der Seenlandschaft um das Glienicker Horn

Wahrzeichen der Babelsberger Gartenlandschaft: der neugotische Flatowturm

Joseph Lenné zurück, wobei vor allem Hermann Fürst Pückler-Muskau sich von 1843 an um Planung und Ausführung kümmerte. »Ich stehe Ihren Hoheiten dafür, dass der Babelsberg als ein organisches Ganzes, etwas Gediegenes und in künstlerischer Hinsicht alle anderen Anlagen seiner Art in der Potsdamer Gegend übertreffen wird«, schrieb der Fürst damals an den Hofmarschall von Wilhelm I., der zu jener Zeit noch Prinz war und erst später erster deutscher Kaiser wurde. Dabei knüpfte er an sein Versprechen auch eine Bedingung: »Knickern darf man gar nicht, denn umsonst ist nur der Tod.« Tatsächlich knickerte Wilhelm nicht. Und so konnte der Fürst bis 1867 das Lennésche Wegenetz durch eine Fülle von Fuß- und Fahrwegen ergänzen. Heute ergeben sich reizvolle Ausblicke auf Potsdam, die Berliner Vorstadt und die gegenüberliegende Schiffbauergasse mit dem Hans-Otto-Theater.

Wichtigstes Bauwerk ist das neugotische **Schloss Babelsberg** ➡ C12, das auf einer Anhöhe liegt und 50 Jahre lang Sommerresidenz von Wilhelm I. war. Mit seinen Zinnen, Erkern und Türmchen wirkt es eher wie eine verspielte Burg. Nach Entwürfen Schinkels begonnen, fügte ihm Hofarchitekt Ludwig Persius 1844 eine Erweiterung hinzu, die Johann Heinrich Strack und Martin Gottgetreu vollendeten. Im Schinkelbau befanden sich das Vor-, Empfangs- und Arbeitszimmer Augustas, im Obergeschoss ihr Ankleide- und Schlafgemach mit Landschaftsansichten aus England und religiösen Darstellungen. In Wilhelms Arbeits- und Schlafzimmer mit hellblauer Stuckdecke und gelben Rippen bezeugen dagegen Bilder der Schlacht bei Königgrätz die Leidenschaft des Kaisers für das Militär. Im Erweiterungsflügel entstand schließlich das Sommerdomizil für Prinz Friedrich Wilhelm und die englische Prinzessin Victoria. Nach dem Tod des Kaisers 1888 blieb das Burgenschloss weitgehend unverändert und auch im Zweiten Weltkrieg mehr oder weniger unbeschädigt. Allerdings gingen große Teile der Innenausstattung verloren – zurzeit wird an der abschließenden Sanierung gearbeitet.

Beim Spaziergang durch den Landschaftsgarten gelangt man außerdem zum **Dampfmaschinenhaus** ➡ C13, das 1843–45 nach Plänen von Persius im Stil eines normannischen Kastells errichtet wurde und dessen Pumpwerk für die Bewässerung des Parks sorgte. Auf einer weiteren Anhöhe ließ Prinz Wilhelm 1853–56 den **Flatowturm** ➡ D11/12 in Anlehnung an den mittelalterlichen Turm des Eschenheimer Tors in Frankfurt am Main errichten. Der 46 Meter hohe Rundturm steht wie eine Festung inmitten eines bastionsartig eingefassten Wasserbeckens. Im Inneren befanden sich mehrere reich ausgestattete Räume für Wilhelm I. und zum »Logement für Fremde«. Schon zu Lebzeiten des Kaisers war der Turm für Besucher zugänglich, nach dem Zweiten Weltkrieg wurde er zum Museum umfunktioniert. Nach seiner Wiederherstellung vermitteln die sogenannte Trinkhalle und das elegante Balkonzimmer wieder eine Vorstellung von der Originalausstattung. Darüber hinaus informieren Fotos, Pläne und Ausgrabungsfunde über die Geschichte des Schlossparks. Oben eröffnet der Turm ein fantastisches Panorama über die Stadt bis hin zur Pfaueninsel.

Ein besonders liebenswertes Kleinod ist das ✦ **Kleine Schloss** ➡ D12 unterhalb des großen Schlosses, das ganz nah am Wasser steht. Ebenfalls von Persius entworfen sollte es dem Sohn des Prinzenpaares eine neue Bleibe bieten. Als dieser 1858 die englische Prinzessin Victoria heiratete, verbrachte das frisch vermählte Paar hier die Flitterwochen. Heute lädt in dem Schlösschen im englischen Tudorstil ein Café-Restaurant zur Verschnaufpause mit Blick auf den Tiefen See ein.

Traumfabrik Babelsberg und Villenkolonie Neubabelsberg

Den »Blauen Engel« mit Marlene Dietrich kennt fast jeder, und auch die »Feuerzangenbowle« mit Heinz Rühmann. Doch wer weiß schon, dass die Filmklassiker in Potsdam gedreht wurden? Dabei hat hier das älteste Großfilmstudio der Welt seinen Standort. Seit mehr als hundert Jahren heißt es in der brandenburgischen Filmschmiede regelmäßig »… und Klappe!« In jüngster Zeit standen hier unter anderen Kate Winslet in »Der Vorleser« und Tom Cruise als Hitler-Attentäter Graf von Stauffenberg vor der Kamera.

Die Geburtsstunde der Traumfabrik schlug 1911, als der Kameramann Guido Seeber für die Deutsche Bioscop Filmgesellschaft ein Fabrikgelände nahe der Wohnsiedlung Neubabelsberg erwarb. Die ersten Dreharbeiten begannen ein Jahr später mit Urban Gads Stummfilm »Der Totentanz«. Als die Universum Film-AG, kurz UFA, 1924 das Areal übernahm, baute sie die 123 Meter lange und 56 Meter breite Marlene-Dietrich-Halle, die noch heute zu den größten Studios Europas gehört. Den Höhepunkt markierte 1927 Fritz Langs »Metropolis« mit mehr als 30 000 Darstellern. Danach standen hier Greta Garbo, Heinz Rühmann, Lilian Harvey und Heinrich George vor der Kamera. Und Marlene Dietrich, die mit Josef von Sternbergs »Der blaue Engel« 1930 ihren Durchbruch als Weltstar erlebte. Nach dem Zweiten Weltkrieg produzierte die DEFA, die Deutsche Film-AG, auf dem Gelände. Immerhin schaffte es »Jakob der Lügner« als einziger DDR-Film zur Oscar-Nominierung.

Inzwischen ist rund um das Studio eine moderne, 46 Hektar große **Medienstadt** ➡ G15/16 entstanden, in der mehr als 3000 Menschen an Film-, Fernseh- und Radioproduktionen arbeiten. Und wenn in den 1930er Jahren viele Filmleute nach Hollywood gingen – neben Marlene Dietrich wanderten u. a. Fritz Lang, Ernst Lubitsch und Billy Wilder aus –, kommt jetzt Hollywood verstärkt nach Potsdam. Ob Roman Polanskis »The Ghostwriter« oder Quentin

Janoschs gelb-schwarz gestreifte Tigerente im Filmpark Babelsberg

Tarantinos »Inglorious Basterds« – sie alle nutzten die hervorragende Infrastruktur vom Studio Babelsberg.

All das und noch viel mehr lässt sich bei einer thematischen Stadtführung (vgl. S. 119) erfahren. Besonderer Besuchermagnet – vor allem für Kinder und Jugendliche – ist der benachbarte ❾ **Filmpark Babelsberg** ➜ H15/16. Hier locken eine Westernstraße, das gläserne Studio von Radio Teddy und ein 4-D-Actionkino. Wer will, kann eine simulierte Tauchfahrt im Original-U-Boot, eine Tiershow und eine spektakuläre Stuntshow in der Vulkanarena miterleben oder sich zeigen lassen, wie Maskenbildner arbeiten und der beliebte »Sandmann« zum Leben erweckt wird. Allen, die mal selber im Rampenlicht stehen möchten, steht außerdem das Studio 1 offen, wo man bei Fernsehsendungen live dabei sein kann. Touren führen zu Originalkulissen einiger im Studio Babelsberg produzierten Filme sowie zum Außenset der Vorabendserie »Gute Zeiten, Schlechte Zeiten«.

Ein glamouröses Stück Babelsberg ist schließlich die **Villenkolonie Neubabelsberg** ➜ D/E14–16, die sich mit mehr oder weniger prunkvollen Villen am Griebnitzsee entlangzieht. Sie entstand Ende des 19. Jahrhunderts, als es Großindustrielle, Bankiers und Künstler aus dem brodelnden Berlin an das idyllische Seeufer zog. Mit dem Aufschwung der UFA-Studios folgten auch Schauspieler wie Lilian Harvey, Gustav Fröhlich oder Marika Rökk. Das älteste der stattlichen Häuser ist die **Villa Stern** ➜ F16 in der Karl-Marx-Straße 3, die in den 1920er Jahren für den Kaufmann Siegbert Stern in neoklassizistischem Stil umgebaut wurde. Etwas weiter steht die **Truman-Villa** (Nr. 2), die 1891 für den Berliner Verleger Carl Müller-Grothe errichtet wurde und den US-amerikanischen Präsidenten während der Potsdamer Konferenz beherbergte. Von hier aus soll Truman den Befehl zum Abwurf der Atombomben auf Hiroshima und Nagasaki gegeben haben.

Stalin wohnte während der Konferenz in der **Villa Herpich** ➜ D14 in der Karl-Marx-Straße 27, Winston Churchill in der **Villa Urbig** ➜ C9 in der Virchowstraße 23. Letztere wurde 1915 von Mies van der Rohe für den Bankier Franz Urbig erbaut und zeugt von der Verehrung des jungen Architekten für Schinkel. Währenddessen zeigt das zweite von

Nach Plänen von Mies van der Rohe gebaut: Villa Urbig (Churchill-Villa) in der Villenkolonie Neubabelsberg am Griebnitzsee

Freizeitrevier: den Schwielowsee bei Potsdam kann man auf dem Fernradweg F1 umrunden

Mies van der Rohe um 1924 in Neubabelsberg erbaute Haus in der Karl-Marx-Straße 29 mit seinem dreieckigen Giebel und der Fensterfront an seiner Rückseite schon eine deutliche Weiterentwicklung. Der Architekt Hermann Muthesius verwirklichte sich indessen mit dem **Haus Guggenheim** ➡ D14 im Stil moderner Landvillen, das am Johann-Strauß-Platz für den jüdischen Fabrikanten Hans Guggenheim entstand. Nach dessen Emigration während der Nazizeit zog die Schauspielerin Brigitte Horney ein, die mit dem Film »Münchhausen« triumphierte. Besonders verspielt ist wiederum das prachtvolle **Palmenhaus** ➡ D14 in der Spitzweggasse 6: Bei der Turmvilla hatte sich der Architekt 1906 von italienischen Häusern der Frührenaissance inspirieren lassen – außerdem wurde hier für den Direktor der islamischen Sammlung des Kaiser-Friedrich-Museums (heute Bode-Museum) in Berlin die Kopie eines babylonischen Löwenfrieses angebracht. Auch in der **Galerie Bauscher** ➡ E15 in der Rosa-Luxemburg-Str. 40 locken nicht allein Ausstellungen zeitgenössischer Künstler. In der geschichtsträchtigen, 1924 erbauten Villa hat Konrad Adenauer vorübergehend gelebt.

Abstecher ins Havelland

Vorbei an schilfgesäumten Ufern und unberührter Natur: Havelseenrundfahrt per Schiff

Ein besonders liebenswertes Stück Havelland ist das Gebiet um **Templiner** ➡ aB2 und **Schwielowsee** ➡ aB/C1, die eigentlich Ausbuchtungen der Havel sind und sich zusammen mit anderen Seen wie Perlen an einer Kette entlangziehen. Man kann die Seen gut mit dem Fahrrad oder zu Fuß umrunden oder einzelne Punkte vom Wasser aus ansteuern – die Ausflugsdampfer der Weissen Flotte machen an den markantesten Orten Station. Unterwegs bieten diverse Badestellen und Strandbäder die Möglichkeit, sich bei heißem Wetter zwischendurch im Wasser der Havel zu erfrischen.

Gleich gegenüber vom Hauptbahnhof führt eine Landstraße entlang des Templiner Sees, vorbei am **Forsthaus Templin** ➡ aB2 (Ausflugslokal und Braumanufaktur) und dem **Waldbad Templin** ➡ aB2, durch ein Waldstück. Hat man es verlassen, erreicht man bald **Caputh** ➡ aB/C1/2.

Neben der von Friedrich August Stüler im frühchristlichen Stil erbauten **Dorfkirche** mit hölzerner Kassettendecke erstrahlt das frühbarocke **Schloss Caputh** ➡ aB2 in neuem Glanz und bildet hin und wieder auch den stilvollen Rahmen für Konzerte, die sogenannten Caputher Musiken. Ursprünglich stand hier nur ein bescheidenes Anwesen, das der Große Kurfürst Friedrich Wilhelm 1671 seiner Gemahlin, der Kurfürstin Dorothea schenkte. Von da an entwickelte es sich in eine kleine, aber feine Sommerresidenz im Barockstil. Im Inneren geben unzählige Gemälde, Lackmöbel, verzierte Spiegel, Marmorskulpturen und Porzellan eine Vorstellung von der Raumdekoration in der Zeit um 1700. Besonders schön ist der Festsaal mit seinem barocken Deckengemälde. Der dürfte auch die illustren Gäste beeindruckt haben, die hier 1709 zum sogenannten Drei-König-Treffen von Friedrich I., dem sächsischen Kurfürsten (und zugleich polnischen König) August dem Starken sowie dem dänischen König Friedrich IV. mit einer Yacht von Potsdam zum Gartenfest herbeisegelten. Besonderer Blickfang ist außerdem der Fliesensaal, dessen Wände und Decke mit über 7000 blau-weißen holländischen Fayence-Fliesen ausgekleidet sind. Der kleine Schlosspark, den Peter Joseph Lenné 1820 zum Landschaftsgarten umgestaltete, besitzt eine eigene Schiffsanlegestelle. Der Park lädt nicht nur zum Flanieren am Wasser ein – im ehemaligen Kavalierhaus, das General Heinrich Ludwig August von Thümen 1830 im Stil klassizistischer Landhäuser erbauen ließ, lässt sich auch schön speisen und wohnen.

Das **Sommerdomizil Albert Einsteins** ➡ aB2 von Architekt Konrad Wachsmann wurde um 1929 in Caputh erbaut. Es besteht aus einem schlichten Holzhaus mit weißen Fensterläden, Flachdach und einer großen Sonnenterrasse. Ganz ohne Luxus kam der Nobelpreisträger

Das Sommerhaus von Albert Einstein in Caputh

aus, wenn er sich hier in der warmen Jahreszeit erholte und nach Aussagen von Zeitgenossen besonders glückliche Stunden verbrachte. Unten am See lag seine Jolle »Tümmler«, mit der er immer wieder gern auf den märkischen Gewässern schipperte. »Komm nach Caputh, pfeif auf die Welt«, schrieb er seinem Sohn Eduard und hielt sich selbst an diese Devise. Selbst wenn die Besucher Max Planck, Heinrich Mann oder Liebermann hießen – hier durften getrost die Krawatten gelockert, beengende Jacketts abgelegt, ja sogar Schuhe und Strümpfe ausgezogen werden. Nach der Machtergreifung durch die Na-

Fährhaus Caputh an der Caputher Gemünde

zis war es mit der Idylle allerdings vorbei. Einstein kehrte von einer Vortragsreise in den USA nicht mehr nach Deutschland zurück, sein Sommerhaus wurde konfisziert, später von der Wehrmacht genutzt, bevor es zu DDR-Zeiten als Begegnungsstätte und Gästehaus für Wissenschaftler diente. Inzwischen ist es saniert und steht Besuchern zur Besichtigung offen. Von den Originalmöbeln hat sich die gusseiserne Wanne erhalten, in der der Physiker sein morgendliches Bad nahm. Für Badefreuden nutzen heute Ausflügler das **Strandbad Caputh** ➡ aB1.

Von Caputh geht es weiter nach **Ferch** ➡ aC1, wo die Landschaft noch lieblicher wird: »Der Schwielowsee ist breit, behaglich, sonnig und hat die Gutmütigkeit aller breit angelegten Naturen«, schrieb Fontane über das Gewässer, und das lässt sich auch heute noch nachvollziehen. Fischrestaurants, Cafés, kleine Hotels und schöne Seegrundstücke säumen das Ufer. Gleichzeitig führt einen der **Kunstpfad Ferch** auf die Spuren der Kreativen, die sich hier einst niedergelassen hatten und zur Havelländischen Malerkolonie gehörten. Für die sogenannten Pleinair- oder Freiluft-Künstler war die Landschaft rund um die Havel die ideale Inspirationsquelle. Auf kleinstem Raum fanden sie Hügel und Seen, Wälder, Heidelandschaft, Schilfgürtel und Moore, dazwischen boten sich Bauwerke wie die hübsche **Fischerkirche** von Ferch im Fachwerkstil als Motive an.

Begründet hat die Malerkolonie Karl Hagemeister. Um 1877 kehrte er nach Stationen in Wien, Venedig, Brüssel und den Niederlanden in seine Heimat zurück und ließ sich von ihr zu völlig neuen Bildern inspirieren. Zu Hagemeister gesellte sich zeitweise der Wiener Maler Carl Schuch, den er im bayerischen Hintersee kennengelernt hatte. Außerdem kamen Kollegen wie Max Liebermann oder Lovis Corinth zu Besuch, später quartierte sich auch Käthe Kollwitz in einem Anwesen zwischen Caputh und Ferch ein. Nachdem Theodor von Brockhusen, der »deutsche van Gogh«, in Baumgartenbrück den märkischen Frühling verewigte, entdeckte der Düsseldorfer Hans Wacker die Gegend für sich. Spätestens 1928 war Ferch ein weithin bekanntes Malerdorf. Viele Werke der Pleinairisten sind heute im **Museum der Havelländischen Malerkolonie** im Dorfzentrum zu bewundern, das im Kossätenhaus, einer reetgedeckten Fischerkate aus dem 18. Jahrhundert, untergekommen ist.

Kleine Wunderwerke der Natur warten derweil am Ortsausgang von Ferch im **Japanischen Bonsaigarten** auf Freunde der Botanik. Mehr als tausend Miniaturpflanzen, von Satsuki-Azaleen über japanische Zierkirschen bis hin zu feurig-rotem Fächerahorn haben die Betreiber hier versammelt und liebevoll in einen Wandel- und Teegarten mit japanischem Karpfenteich und einem Pavillon für Teezeremonien eingebettet.

Nächste Station am Schwielowsee ist **Petzow** ➡ aC1. So klein der Ort ist – auch hier haben berühmte Garten- und Baumeister Hand angelegt. Zum Beispiel an der **Dorfkirche** mit ihren romanischen Rundbogenfenstern, die bei Hochzeitspaaren besonders beliebt ist, aber auch den schönen Rahmen für Konzerte abgibt. Sie entstand 1842 auf dem Grelleberg nach Plänen Karl Friedrich Schinkels, Gustav Emil Prüfer zeichnete für die Ausführung verantwortlich. Vom Turm bietet sich eine fantastische Aussicht auf die Seenlandschaft der Havel. Auch das benachbarte **Schloss Petzow**, ein Herrenhaus im englischen Tudorstil mit verspielten Stufengiebeln und Ecktürmchen geht auf Schinkel zurück, harrt aber immer noch einer umfassenden Sanierung. Dessen ungeachtet kann man durch den angrenzenden **Schlosspark** am Seeufer spazieren, wo sich auch eine Schiffsanlegestelle befindet. Das 15 Hektar große Gelände hat kein Geringerer als Peter Joseph Lenné um 1838 gestaltet. Mitten in der kleinen Hügellandschaft liegt der Haussee, um den sich eine Fischerhütte, die alte Schmiede und das Waschhaus reihen, das heute ein Heimatmuseum mit Ausstellung zur Kulturgeschichte der Wäschepflege beherbergt.

Verlässt man Petzow in Richtung Geltow, entführt auf der linken Straßenseite der **Frucht-Erlebnis-Garten** ➡ aB1 in die Welt des Sanddorns. Die vitaminreiche, auch »Zitrone des Nordens« genannte Frucht wird hier nicht nur angebaut, sondern auch zu mehr als fünfzig Produkten verarbeitet, vom Gelee über Tee und Saft bis zu Sanddorn-Secco, die im Hofladen erhältlich sind. Im Restaurant Orangerie mit schöner Terrasse am Glindower See können Gäste sich davon überzeugen, wie gut sich Sanddorn-Sauce oder -beize mit Gänsebrust oder Hühnchen vertragen.

Werder ➡ aB1 ist mit seiner **historischen Inselstadt** ein besonders beliebtes Ausflugsziel. Schon von Weitem ist der Turm der neugotischen **Heilig-Geist-Kirche** zu sehen, die im 19. Jahrhundert nach einem Entwurf

Größtes Volksfest Ostdeutschlands: das Baumblütenfest in Werder

von Friedrich August Stüler gebaut wurde und das kuriose barocke Ölgemälde »Christus als Apotheker« in sich birgt. Weiteres Wahrzeichen des denkmalgeschützten historischen Stadtkerns ist die jahrhundertealte **Bockwindmühle**. Ringsum säumen niedrige Obstbauer- und Fischerhäuser die kopfsteingepflasterten Straßen. Im Mittelalter von Germanen und Slawen als Fischerdorf gegründet wurde im fruchtbaren Umland später Wein und Obst angebaut. Der Obstanbau spielt auch heute noch eine wichtige Rolle in Werder. Daran erinnert nicht zuletzt das alljährlich Ende April/Anfang Mai stattfindende, stark frequentierte **Baumblütenfest**, wenn die

»... aus der Ferne betrachtet, eine Kleinstadtkathedrale ... « (Theodor Fontane): die Heilig-Geist-Kirche in Werder

Bäume in voller Pracht stehen, ihren betörenden Duft verbreiten und die ausgeschenkten Obstweine so manchen in Rausch versetzen.

Außerdem befindet sich im ehemaligen Stadtgefängnis ein **Obstbaumuseum**, das anhand von alten Kiepen, Körben, Bildern und anderen Dokumenten die Entwicklung der Obstkammer Berlins illustriert. Doch längst lebt Werder zu einem Gutteil vom Tourismus. Das lässt sich an den vielen Cafés und Fischrestaurants ablesen, die rund um den Markt oder am Seeufer zu finden sind. Zudem haben sich hier viele Künstler niedergelassen, die Besucher in die eine oder andere Galerie locken.

Nicht weit von der Inselstadt entfernt, auf dem **Wachtelberg**, wird seit 1985 wieder Wein angebaut. Wie in der nördlichsten Reblage der Welt die Trauben für roten Dornfelder und weißen Werderaner Wachtelberg reifen, kann man sich bei Weinbergsführungen mit anschließender Verkostung erklären lassen und den Blick von den Weinbergen auf die Umgebung genießen.

Radtour von Schloss Glienicke über die Pfaueninsel zum Wannsee

Potsdam und seine seenreiche Umgebung mit dem Rad zu erkunden ist eine wunderbare Möglichkeit, die idyllische Lage dieser Stadt sprichwörtlich am eigenen Leib zu erfahren. Die etwa elf Kilometer lange Strecke zwischen der Glienicker Brücke und Wannsee gehört dabei nicht nur zu den beliebtesten, sondern auch zu den schönsten Zielen.

Aus Potsdam kommend erreicht man die **Glienicker Brücke** ➡ aA3 und das dahinter liegende Schloss Glienicke am schnellsten über die Berliner Straße. Viele Radler wählen aber den schöneren Weg durch den Neuen Garten oder durch den Park Babelsberg, zum Beispiel, wenn sie vom S-Bahnhof Babelsberg kommen. Sehr beliebt ist auch die Strecke vom S-Bahnhof Griebnitzsee durch Neubabelsberg und Klein-Glienicke.

Es lohnt sich, noch einen Blick von der Glienicker Brücke auf die Seenlandschaft zu werfen. Von dort aus erschließt sich nicht nur eine wundervolle Aussicht auf den Jungfernsee, die Glienicker Lake und den Tiefen See, sondern auch der sogenannte **Fünfschlösserblick** mit dem barocken Jagdschloss Glienicke, dem neogotischen Schloss Babelsberg, dem barocken Schlösschen Sacrow, dem Ruinenschlösschen auf der Pfaueninsel und der klassizistischen Schlossanlage Glienicke.

Nur wenige Hundert Meter weiter erhebt sich **Schloss Glienicke** ➡ aA3 mit seinen zahlreichen Nebengebäuden. Nicht ohne Grund wirkt es auf den Betrachter wie ein italienisches Landschloss, denn der Auftraggeber, Prinz Carl von Preußen, war 1823 gerade von einer Italienreise zurückgekehrt und offenbar so beeindruckt von der italienischen Baukunst, dass er beschloss, sich sein kleines Stück Italien in Glienicke errichten zu lassen. Architekt war niemand Geringeres als Karl Friedrich Schinkel, nach dessen Entwürfen ein bereits bestehendes Herrenhaus in eine klassizistische Villa umgebaut wurde. Gleiches geschah mit einem ehemaligen Billardhaus, aus dem ein Casino wurde. Für die Umgestaltung des Geländes nach englischem Vorbild in Blumengarten, Pleasureground und Park beauftragte Carl von Preußen den Gartenarchitekten Peter Joseph Lenné. Heute ist in dem Schloss ein Museum untergebracht, in dem Schinkel-Möbel und Kunstgegenstände aus dem Besitz des Prinzen Carl gezeigt werden. Außerdem finden hier regelmäßig Konzerte statt. Einen Überblick über die Geschichte der preußischen Hofgärtner erhält man im Hofgärtnermuseum im Westflügel. Von der überdachten Rundbank (Stibadium) eröffnet sich dem Besucher ein Panoramablick über Potsdam.

Schloss Glienicke: der steinerne preußische Traum von Arkadien

Auf dem Berliner Mauerweg geht es entlang des Jungfernsees weiter bis zur **Anlegestelle Krughorn,** an der das Potsdamer Wassertaxi regelmäßig Halt

Im romantischen Ruinenstil erbaut: Schloss Pfaueninsel auf der gleichnamigen Insel

macht und von wo aus man einen tollen Ausblick auf die ☼ **Sacrower Heilandskirche** ➡ aA3 am gegenüberliegenden Ufer hat. Die von einem Säulengang umgebene und von einem freistehenden Campanile (Glockenturm) überragte Basilika wurde 1844 nach Plänen von Ludwig Persius 1841–44 errichtet. Der Bau der Berliner Mauer beschädigte die Heilandskirche innen wie außen, denn die Sperranlagen der DDR führten direkt über das Kirchengelände.

Nach kurzer Fahrt gelangt man zum **Wirtshaus Moorlake,** das auf eine über hundertjährige Geschichte zurückblicken kann. Bereits 1840 wurde es im Auftrag von Friedrich Wilhelm IV. zu Ehren seiner aus Bayern stammenden Gemahlin Elisabeth von Wittelsbach erbaut. Seit 1896 wird es als Gaststätte genutzt. Etwa auf halbem Weg zwischen dem Wirtshaus Moorlake und dem nächsten Ziel, der Pfaueninsel, führt ein Weg nach rechts hinauf zur evangelischen Kirche **St. Peter und Paul auf Nikolskoe,** die zwischen 1834 und 1837 für die Bewohner der Pfaueninsel und von Klein Glienicke auf Erlass des Königs Friedrich Wilhelm III. erbaut wurde. Der russische Name der Kirche geht auf das 1818 erbaute **Blockhaus Nikolskoe** ganz in der Nähe zurück, ebenfalls im Auftrag von Friedrich Wilhelm III. anlässlich eines Besuches des Zaren Nikolaus I. mit seiner Gemahlin Charlotte, der Tochter Friedrich Wilhelms III. Heute ist in dem Blockhaus ein Ausflugsrestaurant mit rustikaler deutscher Küche und Aussichtsterrasse untergebracht.

Will man diesen Abstecher bergauf nicht auf sich nehmen, kann man gleich weiter entlang des Ufers bis zum **Wirtshaus zur Pfaueninsel** fahren. Davor setzt eine Fähre zur **Pfaueninsel** ➡ aA3 über. Die Fahrräder müssen allerdings bei der Anlegestelle zurückgelassen werden. Die 67 Hektar große Insel bietet weitaus mehr als freilaufende Pfauen: Friedrich Wilhelm II., Sohn Friedrichs des Großen, war die treibende Kraft hinter der Gestaltung dieser Insel, auf die er sich bereits als junger Kronprinz mit seiner Geliebten Wilhelmine Encke übersetzen ließ. Wichtigstes Bauwerk ist ein kleines Schloss an der Westspitze der Insel, das nach Plänen von Johann Gottlieb Brendel im romantischen Ruinenstil erbaut wurde. Weiterhin sind die Russische Rutschbahn, der Fregattenhafen, das Schweizerhaus und das Kavaliershaus sehenswert. Krimifans dürfte die Szenerie übrigens bekannt vorkommen: In den 1960er Jahren wurden hier mehrere Filme der beliebten Edgar-Wallace-Reihe gedreht.

Auch in die Literatur fand die Pfaueninsel 2014 Eingang mit dem gleichnamigen Roman Thomas Hettches, der sich dem Leben eines auf der Insel beheimateten kleinwüchsigen Hoffräuleins widmet.

Verlässt man die Anlegestelle Pfaueninsel Richtung Wannsee, kommt man an einer Busendhaltestelle vorbei, bei der ein unbefestigter Radweg nach links abzweigt und bis Wannsee direkt am Havelufer entlangführt. Hier passiert man verschiedene **Badestellen** mit schönen Ausblicken, die von breiten Schilfgürteln unterbrochen werden. An vier dieser Badestellen sind Rettungsstationen der DLRG installiert. Am Ende des unbefestigten Weges geht es in der Siedlung Heckeshorn beim Restaurant **Bootshaus Bolle** ein kleines Stück hinauf, wo bereits der **Flensburger Löwe** ➜ aA3 auf einen wartet. Es ist nur eine Kopie, denn das Original ließen die Dänen anlässlich der 1850 gewonnenen Schlacht bei Idstedt anfertigen und in Flensburg aufstellen. Vom Berliner Flensburger Löwen aus hat man einen wunderbaren Ausblick auf den Wannsee und das gegenüberliegende **Strandbad Wannsee** ➜ aA3, dem mit 1275 Metern längsten Binnenseebad Europas.

Hinter dem Löwen führt ein Weg zur Straße Am großen Wannsee, wo linker Hand das **Haus der Wannsee-Konferenz** ➜ aA3 an ein dunkles Kapitel der Geschichte erinnert: Hier besprachen am 20. Januar 1942 fünfzehn hochrangige Vertreter der SS, der NSDAP und verschiedener Reichsministerien die Kooperation bei der geplanten Deportation und Ermordung der europäischen Juden. Seit 2006 informiert die ständige Ausstellung »Die Wannsee-Konferenz und der Völkermord an den europäischen Juden« über das folgenreiche Ereignis.

Nun ist es auch nicht mehr weit zur Max-Liebermann-Villa, allerdings darf auf der Einbahnstraße nicht in verkehrter Richtung gefahren werden. Aus diesem Grund geht man entweder zu Fuß oder nimmt den recht großen Umweg über die Straße Zum Heckeshorn und die Koblanckstraße in Kauf. Mit der **Max-Liebermann-Villa** ➜ aA3 ist das Sommerhaus des bekanntesten deutschen Impressionisten Max Liebermann gemeint. Nicht nur die Villa, sondern auch der Garten wurden vor einigen Jahren detailgenau rekonstruiert. Im Obergeschoss sind einige der über 200 Gartenbilder zu sehen, die der Maler an diesem Ort angefertigt hat. Eine multimediale Ausstellung informiert über die Geschichte der Familie Liebermann und des Hauses.

Das größte Binnenseebad Europas: Strandbad Wannsee

Nun wäre eigentlich der kürzeste Weg, zum Bahnhof Wannsee zu gelangen, die Straße Am großen Wannsee weiterzufahren. Doch da es eine Einbahnstraße ist, bleibt einem nichts anderes übrig als zu schieben oder zurückzufahren und dann über die Straßen Zum Heckeshorn, die Straße zum Löwen und die Conradstraße bis zur verkehrsreichen **Königsstraße** zu fahren. Dort gibt es zwei Optionen: Entweder geht es nun nach rechts zurück nach Potsdam oder nach links zum Bahnhof Wannsee. Entscheidet man sich da-

Gedenkstätte Haus der Wannsee-Konferenz

für, mit der Regionalbahn oder der S-Bahn zurück nach Potsdam zu fahren, kommt man an der **Anlegestelle Wannsee** vorbei, von der aus zahlreiche Schiffe zu verschiedenen Zielen des Wannsees und der Havel fahren. Etwas weiter geht es dann über den Kronprinzessinnenweg zum **Bahnhof Wannsee** ➤ aA3.

Für Interessierte bietet sich auf der anderen Seite der Abzweigung des Kronprinzessinnenweges von der Königsstraße noch die Möglichkeit an, das **Kleistgrab** ➤ aA3 am Kleinen Wannsee zu besuchen. Ein beschilderter Weg führt nach wenigen hundert Metern zu dem Ort, an dem sich Heinrich von Kleist und seine schwerkranke Freundin Henriette Vogel am 21. November 1811 das Leben nahmen. Sehr aufschlussreich sind Audioguides, mit denen Besucher entlang eines Hörspiel-Parcours geführt werden. Die Geräte dafür können am Bahnhof Wannsee ausgeliehen werden.

Schloss Glienicke ➤ B13
Königstr. 36, 14109 Berlin
℡ (03 31) 969 42 00, www.spsg.de
April–Okt. Di–So 10–18, Nov.–März Sa/So 10–17 Uhr, Eintritt € 6/5
Von Schinkel entworfen, heute ein Museum.

Wirtshaus Moorlake ➤ aA3
Moorlakeweg 6, Berlin
℡ (030) 805 58 09
www.moorlake.de, tägl. ab 11 Uhr
Das beliebte Ausflugslokal liegt idyllisch in einer Havelbucht. €–€€

Wirtshaus zur Pfaueninsel ➤ aA3
Pfaueninselchaussee 100
Berlin
℡ (030) 805 22 25
www.pfaueninsel.de
Sommer Di–So ab 10, Winter Mi–So ab 10 Uhr
Hier kann man sich stärken, bevor es auf die Pfaueninsel geht. €–€€

Bootshaus Bolle ➤ aA3
Am Großen Wannsee 60, Berlin
℡ (030) 28 83 30 22
www.boothaus-bolle.de
Deutsche Küche mit Seeblick. €–€€

Haus der Wannsee-Konferenz
➤ aA3
Am Großen Wannsee 56–58
Berlin
℡ (030) 805 00 10
www.ghwk.de
Tägl. 10–18 Uhr, Eintritt frei, Führungen Sa/So 16 und 17 Uhr
Hier wurde der Völkermord an den europäischen Juden beschlossen.

Max-Liebermann-Villa ➤ aA3
Colomierstr. 3, Berlin
℡ (030) 80 58 59 00
Tägl. außer Di April–Sept. 10–18, Okt.–März 11–17 Uhr, Eintritt € 8/5
Sommerhaus des Malers mit schönem Garten und einigen Werken.

Ausflug nach Beelitz-Heilstätten

Beelitz – das steht natürlich zuallererst für Spargel. Rund um das 12 000 Einwohner zählende Städtchen etwa 20 Kilometer südlich von Potsdam wächst das Stangengemüse auf dem sandigen Boden der Beelitzer Heide. Beelitzer Spargel zählt schon lange zu den besten und bekanntesten Spargelsorten Deutschlands. Angefangen hat es mit Karl Friedrich Wilhelm Hermann, der im Jahr 1861 die ersten Spargeldämme anlegte. Mittlerweile stammen etwa drei Viertel der brandenburgischen Spargelernte aus Beelitz. Das traditionelle **Spargelfest** am ersten Juni-Wochenende lockt alljährlich Zehntausende Besucher in die Stadt, die von Potsdam aus leicht mit Bus und Regionalbahn erreichbar ist.

Weniger bekannt, jedoch nicht weniger interessant ist der Ortsteil **Beelitz-Heilstätten** ➜ südl. aC1, in dem sich ein einzigartiges denkmalgeschütztes Ensemble aus 60 Gebäuden befindet, die auch Namensgeber der kleinen Siedlung sind. Von 1898 bis 1930 erbaut, waren in dem Komplex eine Lungenheilanstalt und ein Sanatorium für die Angestellten der Landesversicherungsanstalt Berlin untergebracht. Da in den Heilstätten bald nicht nur ansteckende Lungenleiden, sondern auch Verdauungs-, Stoffwechsel- oder Herzkrankheiten behandelt wurden, musste die Bettenzahl von anfänglich 600 Betten auf mehr als 1200 Betten erweitert werden. Nach dem Zweiten Weltkrieg übernahmen die Rote Armee und dann die Sowjetarmee bis 1994 das Gelände als Militärkrankenhaus, das größtn seiner Art im Ausland. Einer der letzten Patienten soll der an Leberkrebs erkrankte Erich Honecker gewesen sein, bevor er mit seiner Frau Margot 1991 nach Moskau ausgeflogen wurde.

Ein Teil der Gebäude wurde mittlerweile renoviert oder durch Neubauten ersetzt, so sind auf dem Gelände heute unter anderem ein Neurologisches Fachkrankenhaus und eine Kinder- und Jugendklinik ansässig. Der Quadrant D wird derzeit zu einem »Creative Village« mit Atelierwohnungen für Kreative umgebaut. Der größere Teil der denkmalgeschützten Jugendstilgebäude verfällt jedoch seit dem Abzug der Sowjets und ist durch Vandalismus stark beschädigt worden. Markant ist, dass in einigen Häusern immer noch das verrottete Kinikmobilar wie beispielsweise alte Operationstische herumstehen, zahlreiche Wände sind mit Graffitis übersät. Die Stimmung ist mysteriös und zieht seit Jahren Fotojournalisten und Filmcrews an. Filme wie »Operation Walküre« von und mit Tom Cruise oder »Der Pianist« von Roman Polanski wurden hier gedreht. Immer wieder kommen aber auch Anhänger des sogenannten »Schwarzen Tourismus« vorbei, die sich einfach nur gruseln wollen und sich oftmals illegal Zutritt zu den Räumen verschaffen.

Vom Baumkronenpfad bietet sich ein wunderbarer Blick über Beelitz

Seit 2015 kann das Gelände von oben besichtigt werden. Der 320 Meter lange **Baumkronenpfad** leitet Spaziergänger in 23 Metern Höhe durch die Wipfel der Parkbäume und bietet eine schöne Aussicht über das gesamte Areal. Die

Im Rahmen von Führungen zu besichtigen sind die verfallenen Gebäude der ehemaligen Lungenheilanstalt

Veranstalter bieten aber auch Führungen zur Geschichte von Heilstätten anhand der Gebäude zwischen der Ruine des Alpenhauses und dem Haus der Chirurgie an.

Recht neu in Heilstätten ist auch der **Barfußpark**. Berlin-Brandenburgs größter Natur-Erlebnis-Park erstreckt sich auf einer Fläche von 15 Hektar. Auf mehr als drei Kilometern können Besucher an 60 Erlebnisstationen die Sinne ihrer Füße erweitern, indem sie über kitzelndes Stroh, Schlamm, Lehm, piksende Bucheckern, Steine, Tannenzapfen, feinen Sand oder sogar Glasscherben gehen. Dazu gibt es Riech- und Tast-Kästen, Klangkugeln, Hörrohre, ein Baumtelefon, Sandpendel, ein Kugellabyrinth und ein Gruppenxylophon sowie einen Wildkräutergarten auf den drei Barfußwegen durch die Laub-, Nadel- und Birkenwälder.

Tourist Information Beelitz
➡ südl. aC1
Poststr. 15, 14547 Beelitz
✆ (03 32 04) 391 55
www.beelitz.de
April–Sept. Mo 9–17, Di 9–18, Mi–Fr 9–17, Sa 9–12, Okt.–März Di 9–18, Do, Fr 9–17 Uhr

Baumkronenpfad »Baum & Zeit«
➡ südl. aC1
Straße nach Fichtenwalde 13
Beelitz-Heilstätten
✆ (03 32 04) 63 47 23
www.baumundzeit.de
März tägl. 10–16, April–Okt. tägl. 10–19, Nov./Dez. Sa/So 10–16 Uhr, Führung »Zeitenwandel-Wandelzeiten« März–Okt. Mo–Fr 11 und 14, Sa/So/Fei 12, 13, 14 und 15.30 Uhr, Gebäudeführung »Die Chirurgie« März–Okt. Sa/So/Fei 11.30–16.30 stündlich, Nov./Dez. Sa/So/Fei 11.30, 13.30, 15.30 Uhr, weitere Führungen siehe Webseite, Eintritt € 9,50/7,50, Preise für Führungen zuzüglich zum Eintrittspreis für Erlebnisareal Weltkriegsruine und Baumkronenpfad, Voranmeldung erbeten
Baumkronenpfad und historische Führungen durch einige Gebäude der Heilanstalt.

Barfußpark ➡ südl. aC1
Straße nach Fichtenwalde 13
Beelitz
✆ (01 62) 290 99 99
www.derbarfusspark.de
Mai–Sept. tägl. 10–18, Sa/So 19 Uhr, Eintritt € 7/5
Berlin-Brandenburgs größter Natur-Erlebnis-Park spricht alle Sinne an.

Museen, Galerien, Architektur und andere Sehenswürdigkeiten

Für viele Besucher lohnt sich die Anschaffung einer **Berlin WelcomeCard – Berlin + Potsdam**, die neben Ermäßigungen beim Besuch von ausgewählten Museen und Attraktionen auch freie Fahrt im öffentlichen Nahverkehr bietet (vgl. S. 113).

Wer mehrere Schlösser besuchen will, kann das **Ticket sanssouci+** für € 19/14 erwerben, das für alle Schlösser in Potsdam gilt (außer für das Belvedere auf dem Pfingstberg und für Schloss Sacrow). Das **Ticket sanssouci+ Familie** kostet € 49 und gilt für zwei Erwachsene mit bis zu vier Kindern. Beachten Sie, dass für das Schloss Sanssouci feste Besuchszeiten gelten. Für eine private Fotoerlaubnis bezahlt man € 3 pro Tag.

Zum **Tag des offenen Denkmals** im September öffnen viele Sehenswürdigkeiten ihre Pforten bei kostenlosem Eintritt.

Museen

Extavium ➡ E9
Vgl. S. 99.

Filmmuseum ➡ F8
Marstall/Breite Str. 1 A
Trams und Busse: Alter Markt/
Landtag
✆ (03 31) 271 81 12
www.filmmuseum-potsdam.de
Di–So 10–18 Uhr, Eintritt € 5/4
Im prachtvollen barocken Marstall ist eines der ältesten Filmmuseen Deutschlands untergekom-

Dauerausstellung »Traumfabrik –
100 Jahre Babelsberg« im
Filmmuseum

men. Mit einem Fundus von 500 Originalkostümen und -requisiten bekannter Filme und einer Dauerausstellung führt es durch die mehr als 100-jährige Geschichte der Babelsberger Filmstudios. Interaktive Module laden Besucher zu aufregenden Erfahrungen ein: So kann man zusammen mit Zarah Leander singen, in einer Casting-Box selbst vorsprechen oder sich in Filmausschnitte einkopieren, die dann per E-Mail zugeschickt werden. Neben wechselnden Sonderausstellungen ergänzt ein ambitioniertes Filmprogramm die Sammlung.

❹ **Gedenkstätte Lindenstraße**
➡ E7
Lindenstr. 54
Tram 91, 94, 98: Dortustr.
✆ (03 31) 289 61 36
www.gedenkstaette-lindenstrasse.de
Tägl. außer Mo 10–18 Uhr, jeden Sa 14 Uhr öffentliche Führung (keine Anmeldung erforderlich)
Eintritt € 2/1, mit Führung € 3/2
In ein sehr bedrückendes Kapitel der Potsdamer Geschichte entführt die Gedenkstätte im früheren Staatssicherheitsgefängnis der DDR. Doch erinnert es nicht nur an die Stasi-Gefangenen. Als ehemaliges Untersuchungs-

gefängnis des sowjetischen Geheimdienstes sowie als NS-Erbgesundheitsgericht und Gefängnis für politische Gefangene der NS-Zeit führt es dem Besucher Kontinuität und Wandel politischer Gewalt vor Augen.

Das Gebäude ließ König Friedrich Wilhelm I. 1733–37 als barockes Stadtpalais mit Stallungen und Nutzgebäuden erbauen. 1809 trat hier die erste Potsdamer Stadtverordnetenversammlung zusammen. Ab 1820 diente der Komplex schließlich als Stadtgericht und Gefängnis. Heute führt eine multimediale Ausstellung durch die verschiedenen Epochen.

Gedenk- und Begegnungsstätte Leistikowstraße Potsdam ➡ B9
Leistikowstr. 1
Bus 603: Glumestr. oder Tram 92, 96: Puschkinallee
☎ (03 31) 201 15 40
www.gedenkstaette-leistikowstrasse.de, Di–So April–Okt. 14–18, Nov.–März 13–17 Uhr
Eintritt frei
1916 vom Evangelisch-Kirchlichen Hilfsverein errichtet und ab 1933 Heimstätte der Reichsfrauenhilfe, machte nach 1945 die sowjetische Spionageabwehr das Haus zu ihrem zentralen Untersuchungsgefängnis. Nun informiert hier die Stiftung Brandenburgische Gedenkstätten

Im Alten Kutschstall präsentiert das Haus der Brandenburgisch-Preußischen Geschichte seine Sammlung

mit einer Dauerausstellung über die Geschichte des Haftorts und das Schicksal der Häftlinge.

Ein 2014 eröffneter Geschichtspfad macht die ehemalige sowjetische Geheimdienstzentrale »Militärstädtchen Nr. 7« erlebbar: An den 14 historischen Stätten wurden Informationstafeln angebracht.

Haus der Brandenburgisch-Preußischen Geschichte ➡ F8
Kutschstall/Am Neuen Markt 9
Trams und Busse: Alter Markt/ Landtag
☎ (03 31) 620 85 50, www.hbpg.de
Di–Do 10–17, Fr–So/Fei 10–18 Uhr

Hinter der Fassade des einstigen Stadtpalais »versteckt« sich ein ehemaliges Untersuchungsgefängnis: Stiftung Gedenkstätte Lindenstraße

Einblick in das Leben der Russischen Kolonie: Museum Alexandrowka

☎ (03 31) 280 37 73
www.jan-bouman-haus.de
Mo–Fr 13–18, Sa/So/Fei 11–18 Uhr
Eintritt € 3, bis 12 J. frei
Das liebenswerte kleine Museum im ❺ **Holländischen Viertel** veranschaulicht die Geschichte dieses Stadtteils. Im Zentrum steht dabei der niederländische Baumeister Jan Bouman, unter dessen Leitung im 18. Jh. die hübschen Giebelhäuser errichtet wurden. Wechselnde Sonderausstellungen zum Thema niederländische Architektur und Kunst ergänzen das Angebot.

Eintritt € 4,50/3,50, Fr € 2, bis 18 J. frei
Das Museum im Kutschstall mit seiner frühklassizistischen Fassade versteht sich als lebendiges Forum für die Beschäftigung mit der Geschichte der Region. Im Zentrum steht die Brandenburg-Preußen-Ausstellung »Land und Leute. Geschichten aus Brandenburg-Preußen« mit Fotos, Filmen und etwa 400 Originalobjekten. Sie wird ergänzt durch wechselnde Ausstellungen wie »Heimatkunde: Flucht-Migration-Integration in Brandenburg«.

Jan Bouman Haus ➡ D8
Mittelstr. 8
Tram 92, 96: Nauener Tor

🔴 **Museum Alexandrowka**
➡ C8
Russische Kolonie 2, Tram 92, 96: Puschkinallee oder Am Schragen
☎ (03 31) 817 02 03
www.alexandrowka.de
März–Okt. Mo/Di, Do–So 10–18 Uhr, sonst nur nach Voranmeldung
Eintritt € 3,50/3
Das kleine Museum gibt Einblick in das frühere Leben in der Russischen Kolonie. Dabei ist es selbst, sozusagen als begehbares Baudenkmal von 1826, das wichtigste Exponat. Neben den Innenräumen im Stil des Biedermeier gehören ein 2000 m² großer, von Lenné gestalteter Garten mit Obstbäumen sowie ein hübsches Gartencafé zum Museum.

Übersichtlich: Modell des Holländischen Viertels im Jan Bouman Haus

Potsdam als Grenzstadt

Wer heute nach Überresten der Mauer oder anderer Grenzbefestigungen bei Potsdam sucht, wird kaum etwas finden, das an die Grenze zwischen Berlin und Potsdam erinnert. Vereinzelt stehen noch ein paar Mauerreste und hin und wieder wird anhand von Denkmälern, Gedenktafeln oder Erinnerungsstelen an die sinnlosen Opfer dieser Mauer erinnert.

Grenze Glienicker Brücke auf einer Briefmarke

In den Erinnerungen derjenigen, die zur Zeit der deutschen Teilung in Potsdam lebten, spielte sich das Leben damals völlig anders ab als heute. Nicht deswegen, weil Potsdam von 1952 bis 1990 Verwaltungssitz des neugegründeten Bezirkes Potsdam war, sondern schlicht und einfach aufgrund der besonderen Lage der Stadt. Denn nach dem Mauerbau verlor Potsdam seinen direkten Anschluss an die Weltstadt Berlin und war nur noch über ländliche Umwege erreichbar. Das großstädtische Leben schien von da an weit entfernt, der Zugang nur mit großem Aufwand verbunden. Fuhren bis 1961 noch Züge entlang der heutigen Strecke durch Grunewald und den Bahnhof Zoologischer Garten, allerdings ohne auf der Westseite Halt zu machen, so gab es danach bis zur Auflösung der DDR nur noch die sogenannten Sputnik-Züge, die ihrem Namen alle Ehre machten und Berlin im großen Bogen umrundeten. Zwischen Berlin Friedrichstraße und Falkensee bzw. Werder (Havel) verkehrten jeweils drei Zugpaare über den Nördlichen und vier Zugpaare über den Südlichen Außenring. Elektrisch betriebene Züge verbanden Potsdam überhaupt erst seit 1983 mit Ost-Berlin, eine einfache Fahrt dauerte auf diesem Weg rund eineinhalb Stunden, also ungefähr dreimal so lang wie heutzutage.

Direkt an der Grenze gab es natürlich auch ein paar Besonderheiten. Bemerkenswert ist beispielsweise die Lage der Berliner Exklave Steinstücken bei Babelsberg, die nach dem Mauerbau völlig isoliert in der DDR verblieb. Erst 1971 wurde durch einen Gebietsaustausch ein 20 Meter breiter Korridor nach West-Berlin geschaffen. Dass der Übergang an der **Glienicker Brücke** während des Kalten Kriegs auch zum Austausch von Spionen diente, ist vermutlich hinlänglich bekannt (vgl. S. 64).

Auch zwischen dem S-Bahnhof Griebnitzsee und Klein Glienicke verlief zu DDR-Zeiten die Mauer. Nach der Wende wurde an gleicher Stelle ein Uferweg angelegt, der bei Einheimischen wie Touristen äußerst beliebt war. Doch zahlreiche Anwohner beharrten auf ihrem Kaufvertrag, in dem der Uferweg Bestandteil des gekauften Grundstückes war – mit der Folge, dass sie Ihre Zäune vorverlegten und der Uferweg damit nur noch teilweise zugänglich ist.

Grenzöffnung an der Glienicker Brücke 1989

③ **Museum Barberini** ➡ F8

Alter Markt
Humboldtstr. 5/6
Tram 91, 92, 93, 96, 98, 99: Alter Markt/Landtag
℡ (03 31) 236 01 44 99
www.museum-barberini.com
Tägl. außer Di 10–19 Uhr, jeden 1. Do im Monat 10–21 Uhr
Eintritt € 14/10, bis 18 J. frei, Barberini Guide (Leihgerät) € 2
Seit Januar 2017 hat Potsdam ein neues Kunstmuseum: Ausgehend von der Sammlung des Museumsstifters **Hasso Plattner** zeigt das Haus, das bereits zur Eröffnung große, internationale Strahlkraft entwickelte, drei große Ausstellungen im Jahr mit Leihgaben aus nationalen wie internationalen Museen und Privatsammlungen.

Als Gründer und langjähriger Leiter des Softwareunternehmens SAP gehört Hasso Plattner zu den profiliertesten deutschen Unternehmern. Die von ihm gegründete Hasso Plattner Stiftung engagiert sich insbesondere auch in Potsdam in der Förderung von Wissenschaft und Forschung. Eines der wichtigsten Projekte war die Gründung des Hasso-Plattner-Instituts für Softwaresystemtechnik an der Universität Potsdam. Weiterhin unterstützte die Stiftung den Wiederaufbau des Potsdamer Stadtschlosses, indem sie sich an der Finanzierung der historischen Fassade und des Kupferdachs beteiligte.

Zur Kunstsammlung Plattners gehören wichtige Werke des französischen Impressionismus, etwa von Claude Monet und Alfred Sisley. Für die Museumssammlung stiftete der Mäzen insbesondere Werke des 20. Jahrhunderts, mit einem Schwerpunkt auf Kunst aus der DDR.

Als idealer Standort für das Kunstmuseum bot sich der Wiederaufbau des **Palais Barberini** an. Der Vorgängerbau war kurz vor Ende des Zweiten Weltkriegs, am 14. April 1945, bei einem Luftangriff der Briten und den folgenden Artilleriegefechten mit der Roten Armee schwer beschädigt worden und brannte aus. Die Ruinen blieben bis zum 24. März 1948 stehen, dann wurden sie zusammen mit denen des benachbarten Palasthotels gesprengt.

Erbaut wurde das originale Palais Barberini im Auftrag Friedrichs des Großen nach Entwürfen

Blick auf das Museum Barberini von der Freundschaftsinsel aus

Carl von Gontards 1771/72 als klassizistisch-barockes Bürgerhaus. Vorbild war der Palazzo Barberini in Rom, der in den Jahren 1627–38 im Stil des Barock erbaut wurde und an dessen Gestaltung u. a. Gian Lorenzo Bernini und Francesco Borromini beteiligt waren. Mitte des 19. Jh. wurde das Potsdamer Palais Barberini um zwei rückseitige, zur Havel gerichtete Seitenflügel erweitert und seitdem nicht mehr nur als repräsentativer Wohnraum, sondern auch zu kulturellen Zwecken genutzt. So fanden hier etwa Konzerte, Lesungen und später Kinoaufführungen statt, außerdem waren im Palais die städtische Volksbücherei, eine Jugendherberge und das Standesamt untergebracht.

Die Wahl des rekonstruierten Palais am Alten Markt als Museumsstandort folgte der Entscheidung der Stadt, sich bei der Neugestaltung des Platzes in hervorragender Lage im Zentrum Potsdams an das historische Stadt-

Besucher der Eröffnungsausstellung »Impressionismus. Die Kunst der Landschaft«

bild anzunähern. Vorausgegangen war eine lange, teils hitzig geführte Debatte, was aus Potsdams »Neuer Mitte« werden soll (vgl. S. 111). Auch die Suche nach einem geeigneten Museumsstandort für die Plattner-Sammlung beschäftigte die Stadt, war immer wieder Gegenstand öf-

Barberini für Kids

Das Museum Barberini bietet ein vielfältiges Programm für Kinder an. Spielerisch sollen sie an die Welt der Kunst herangeführt werden, die jeweils ausgestellten Bilder und Skulpturen sollen sie auf ihre eigene, ganz persönliche Weise entdecken. So zeigen beispielsweise an jedem ersten Sonntag im Monat Kinder anderen Kindern ihre Lieblingsbilder. An jedem ersten Mittwoch im Monat treffen sich junge Eltern mit ihren Babys zu Kunstgesprächen mit einem Guide in entspannter Atmosphäre. Und jeden Samstag können sich Kinder zwischen fünf und zehn Jahren nach einer Führung nur für Kinder im Atelier künstlerisch ausprobieren.

Kinder führen Kinder: Kunst auf Augenhöhe
Jeden ersten So im Monat um 15, 16 und 17 Uhr für Kinder (6–13 J.), Eintritt € 3

Junge Eltern zur Kunst: Kunsterlebnisse mit den ganz Kleinen
Jeden ersten Mi im Monat um 11 Uhr für Eltern mit Babys (0–1 J.), Leihbuggys vorhanden, Eintritt € 3 (zzgl. Museumseintritt)

Kinderkunstaktion: Aktiv und kreativ Kunst erleben
Sa 11 Uhr Führung + Workshop für Kinder (5–10 J.), Eintritt € 3

Als Vorbild für das Palais Barberini am Alten Markt diente der Palazzo Barberini in Rom

fentlicher Diskussion. Nun fügte sich alles: Der Spatenstich für das vollständig von der Hasso Plattner Stiftung finanzierte Projekt erfolgte im Jahr 2013 nach Plänen des Berliner **Architektenbüros Hilmer & Sattler und Albrecht**. Nach knapp vier Jahren Bauzeit konnte das Museum Barberini vom Stifter Hasso Plattner gemeinsam mit Bundeskanzlerin Angela Merkel am 20. Januar 2017 feierlich eröffnet werden.

In wechselnden Ausstellungen werden seitdem Werke aus der Museums- sowie aus der Privat-

Barberini digital

Um die Ausstellungen des Museums Barberini noch besser vermitteln zu können, wurde die **Barberini App** entwickelt. Hier kann man sich vorab über die Originale der Ausstellung informieren oder bereits vergangene Ausstellungen detailliert nachverfolgen. Die Bilder sind in hoher Qualität digital in die App eingebettet und können so erneut eingehend betrachtet werden. Auch für den Museumsbesuch ist die App nützlich, denn sie kann vor Ort als Audioguide verwendet werden. Die Barberini App bietet verschiedene Touren zu den aktuellen Ausstellungen, sowohl für Erwachsene wie für Kinder. Leihgeräte für den Multimediaguide sind im Museum erhältlich. Des Weiteren lernt der Nutzer in einer digitalen Tour zur Geschichte und Architektur des Palais Barberini den historischen Bezug zum Originalbau aus dem 19. Jahrhundert kennen. Und nicht zuletzt sind auf der App Experteninterviews verfügbar. Ein

öffentlicher Internetzugang ist im gesamten Museumsgebäude vorhanden.

Die **Smart Wall** im Museum bietet als LED-Wand mit 4-K-Auflösung neue Zugänge zur Bildbetrachtung und kann von den Ausstellungsbesuchern selbstständig bedient werden.

sammlung Plattners zusammen mit Leihgaben öffentlich präsentiert. Bereits mit seinen Eröffnungsausstellungen »Impressionismus. Die Kunst der Landschaft« mit Werken französischer Impressionisten, vor allem von Claude Monet, und »Klassiker der Moderne. Liebermann, Munch, Nolde, Kandinsky« entwickelte sich das Museum Barberini zum Publikumsmagneten. Es folgte im Sommer 2017 die Ausstellung »Von Hopper bis Rothko. Amerikas Weg in die Moderne« als erste internationale Kooperation des Museums mit der Phillips Collection in Washington, D. C. Die Ausstellung »Hinter der Maske. Künstler in der DDR« beschloss das Eröffnungsjahr und bildete zugleich den Auftakt für die Erforschung der Museumssammlung. Begleitend waren die 16 großen Gemälde, die bis 1990 im Palast der Republik in Ost-Berlin hingen, zu sehen.

Ein besonderes Kunstwerk, ebenfalls von einem Künstler aus der DDR geschaffen, fand dauerhaft einen neuen Platz: Die größte Variante des **»Jahrhundertschritts« von Wolfgang Mattheuer** mit seinen überdimensionierten Armen und Beinen – Sinnbild für totalitäre Systeme und die wechselvolle Geschichte

Hinter der klassizistisch-barocken Fassade verbergen sich modern gestaltete Innenräume

des 20. Jh. – wurde im Innenhof des Museums aufgestellt, nachdem die 1984 geschaffene Skulptur jahrelang im Hof des Potsdamer Kutschstalls gestanden hatte.

Das Jahr 2018 beginnt mit der Ausstellung »Max Beckmann. Welttheater«, die sich den häufig um die Motivwelten Theater, Zirkus und Varieté kreisenden Werken des Künstlers widmet. Mit »Gerhard Richter. Abstraktion« rückt das Werk des großen zeitgenössische Künstler in den Fokus. Es folgt eine Ausstellung zum französischen Pointilisten Henri Edmond Cross.

In der Ausstellung »Von Hopper bis Rothko. Amerikas Weg in die Moderne« (Museum Barberini)

Eingang des museum FLUXUS+ in der Schiffbauergasse

museum FLUXUS+ ➡ E10
Schiffbauergasse 4 F
Trams 93, 94, 99: Schiffbauergasse
✆ (03 31) 601 08 90
www.fluxus-plus.de
Mi–So 13–18 Uhr
Eintritt € 7,50/3, bis 13 J. frei
Schwerpunkt des Museums, das Installationen, Fotos, Filme, Videos und andere Objekte zum Thema Fluxuskunst zeigt, geht auf die umfangreiche Privatsammlung

Das Alte Rathaus beheimatet das Potsdam Museum

des Fluxuskünstlers Wolf Vostell zurück. Zugleich werden andere Künstler des 20. und 21. Jh. in Wechselausstellungen präsentiert. Außerdem geben die Räumlichkeiten den ungewöhnlichen Rahmen für Konzerte und andere Veranstaltungen ab.

Naturkundemuseum ➡ F7
Breite Str. 13
Bus 606: Naturkundemuseum
✆ (03 31) 289 67 07
w w w . n a t u r k u n d e m u s e u m -
potsdam.de
Tägl. außer Mo 9–17 Uhr
Eintritt € 4/2 (13–18 J.), € 1 (6–12 J.), Familienkarte € 10
Im sehenswerten ehemaligen Ständehaus der Zauche aus dem 18. Jh. lädt das Museum mit rund 25 000 Exponaten in die Ausstellung »Tierwelt Brandenburgs – Artenvielfalt einst und heute«, in das Aquarium »Fische Brandenburgs« sowie zu unterschiedlichen Sonderausstellungen ein. Dabei wird auch die bedrohte Flora und Fauna thematisiert.

Nowaweser Weberstube ➡ F12
Karl-Liebknecht-Str. 23
Tram 94, 99: Rathaus Babelberg
✆ (03 31) 70 70 59
Di–Do 13–16 Uhr und auf Anfrage, Spenden erbeten
Das leider von Schließung bedrohte Stadtteilmuseum informiert in der ehemaligen **Weberkolonie Nowawes** (*Nowa ves* = Neues Dorf) in Babelsberg über deren Geschichte. Straßennamen wie Garn- oder Tuchmacherstraße erinnern an die Zeit, als auf Wunsch Friedrichs II. ab 1750 protestantische böhmische Weber und Spinner sich hier ansiedeln durften.
Mittelpunkt der Kolonie ist der **Weberplatz** – auf dem samstags ein **Regionalmarkt** stattfindet – mit der **Friedrichskirche** und den angrenzenden kleinen **Weberhäusern**, die unter Denkmalschutz stehen.

Potsdam Museum → F8

Am Alten Markt 9
Trams und Busse: Alter Markt/
Landtag, ℂ (03 31) 289 68 68
www.potsdam-museum.de
Di/Mi, Fr 10–17, Do 10–19, Sa/So/
Fei 10–18 Uhr
Eintritt € 5, Kinder frei

Das Alte Rathaus, ein Werk von Jan Bouman und Carl Ludwig Hildebrant aus dem 18. Jh. mit schönem Treppengiebel und korinthischen Kolossalsäulen, ist seit einiger Zeit zusammen mit dem benachbarten Knobelsdorffhaus Heimstätte des Potsdam Museums. Mit alten Stichen, Grafiken, Gemälden, Fotos, Möbeln, Porzellan und anderen Objekten lädt es im Rahmen seiner Dauerausstellung »Potsdam – eine Stadt macht Geschichte« zur Entdeckungsreise durch die Wohn- und Alltagskultur der letzten tausend Jahre ein.

Villa Schöningen → B12

Berliner Str. 86
Tram 93: Glienicker Brücke
ℂ (03 31) 200 17 41
www.villa-schoeningen.org
Mi, Fr–So 12–18, Do 12–20 Uhr
Eintritt € 5/3, Kinder frei

Ganz in der Nähe der Glienicker Brücke führt die 1843 von Ludwig Persius erbaute Turmvilla Besucher in die Geschichte des Hauses und der benachbarten schicksalsträchtigen Brücke ein. Außerdem finden hier ambitionierte Ausstellungen internationaler Künstler und Veranstaltungen zur Zeitgeschichte statt. Im Sommergarten sind Skulpturen zu sehen.

Galerien

Albert Baake Galerie → F8

Humboldstr. 3
Tram 92, 93, 98, 99: Alter Markt/
Landtag
ℂ (03 31) 870 94 94
www.albert-baake.de
Tägl. außer Di 14–18 Uhr

Genau zwischen dem Museum Barberini und dem Stadtschloss gelegen, und zwar im ebenfalls rekonstruierten Palazzo Pompei, stellt Albert Baake gerne auch mal die Werke prominenter Multitalente wie Ron Wood, Udo Lindenberg, Otto Waalkes oder Frank Zander aus. Eine weitere Galerie befindet sich im Holländischen Viertel in der Mittelstraße 30 (nur nach Voranmeldung).

Die Villa Schöningen informiert über die Geschichte des Hauses und der Glienicker Brücke

Brandenburgischer Kunstverein
➡ F9
Freundschaftsinsel, Tram 93, 94, 99: Burgstr./Klinikum
℡ (03 31) 279 75 39 80
www.bkv-potsdam.de
März–Sept. Mi–So 14–18, Okt.–Feb. Mi–So 13–17 Uhr
Zeitgenössische Kunst, auch viel Experimentelles wird in dem Pavillon auf der Freundschaftsinsel präsentiert. Gern blickt man hier auch über den deutschen Tellerrand nach Osteuropa.

Galerie Kunst-Kontor ➡ nördl. A9
Bertinistr. 16 B
Bus 609, 638, 639: Am Pfingstberg
℡ (03 31) 581 73 66
www.kunst-kontor-sehmsdorf.de
Mitte März–Dez. Di/Mi 15–19, Do 15–20, Sa 13–18 Uhr
Das Forum für zeitlose Kunst stellt regionale Künstler und Vertreter der Leipziger Schule vor. Wichtiger Aspekt ist außerdem die Porträtkunst.

Galerie Peter Kurgan ➡ D8
Mittelstr. 34
Tram 92, 96: Nauener Tor
℡ (03 31) 270 80 91

Kunsthaus Potsdam: wechselnde Ausstellungen in einem ehemaligen Pferdelazarett

www.galerie-am-see.de
Tägl. 11–19 Uhr
Hier sind vor allem die Arbeiten des Potsdamer Malers und Fotografen Peter Kurgan zu sehen, der sich besonders von Lanzarote inspirieren ließ.

Galerie Ruhnke ➡ E7
Charlottenstr. 122
Tram 91, 94, 98: Dortustr.
℡ (03 31) 505 80 86
www.galerie-ruhnke.de
Mi–So 14–18 Uhr
Nicht nur Malerei, Skulpturen, Keramik und Fotokunst zeigt Galerist Werner Ruhnke im denkmalgeschützten Haus in der Potsdamer Innenstadt. Mitunter erklingen hier auch »unerhörte« und andere Musik.

Kunsthaus Potsdam ➡ D7
Ulanenweg 9, Busse: Jägertor
℡ (03 31) 200 80 86
www.kunsthaus-potsdam.de
Di 11–15, Mi–Fr 11–18, Sa/So/Fei 12–17 Uhr, Eintritt frei
2002 mit einer Ausstellung des niederländischen Künstlers Armando eröffnet geht das Kunsthaus auf eine Initiative von Hubertus von der Goltz und Frank M. Zeidler zurück, die das ehemalige Pferdelazarett der Garde-Ulanen-Kaserne in ein Atelierhaus mit Kunstwerkstatt verwandelten. Seitdem gibt der Kunstverein Einblick in aktuelle Kreativprozesse.

Sperl Galerie ➡ E8
Schopenhauerstr. 27
Trams und Busse: Luisenplatz
℡ 0175-474 56 61
www.sperlgalerie.de
Mi–Sa 12–18, So 14–18 Uhr und nach Vereinbarug
Eine der ältesten Privatgalerien Potsdams, die nach der Wende entstanden ist. Nahe Luisenplatz und Brandenburger Tor stellt das Galeristenpaar Maler und Bildhauer der Moderne und Postmoderne des 20. Jh. aus.

Schloss und Park Sanssouci

Das Gesamtkunstwerk ❶ **Schloss und Park Sanssouci** ist einer der Höhepunkte eines Potsdam-Besuchs. Da der Park eine Ausdehnung von mehr als zwei Kilometern hat, sollte man für einen Rundgang genug Zeit einplanen.

Belvedere auf dem Klausberg
➡ C3
Park Sanssouci, An der Orangerie 1, Bus 695: Schloss Sanssouci bzw. Orangerie
April–Okt. tägl. 10–18, März und Nov. Sa/So 10–16 Uhr
Eintritt € 4,50/3,50
Das tempelartige Gebäude mit schönem Panoramablick war die letzte Baumaßnahme Friedrichs des Großen, als er um 1786 einen Verschönerungsplan für die Umgebung von Sanssouci umsetzte. So entstand ein zweigeschossiger Rundbau, der von einer Kuppel gekrönt ist. Innen beeindruckt es mit seinem Stuckmarmor, dem Eichenparkett und einem Deckengemälde.

Bildergalerie ➡ D6
Park Sanssouci
Bus 612, 614: Schloss Sanssouci
✆ (03 31) 969 42 00
www.spsg.de
Mai–Okt. tägl. außer Mo 10–18 Uhr
Eintritt € 6/5
Die Bildergalerie ist nicht nur der älteste Museumsbau Deutschlands, sondern auch einer der prachtvollsten Europas. 1755–64 wurde der Bau nach Plänen von Johann Gottfried Büring errichtet, um die Gemäldesammlung Friedrichs des Großen zu beherbergen. Während der Außenbau schlicht gehalten ist, überrascht der Innenraum mit einer prachtvollen Ausschmückung. Vergoldete Ornamente und ein Fußboden aus gelbem und weißem Mamor belegen den Stellenwert der Sammlung für den preußischen König.

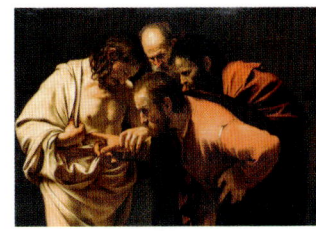
Ein Höhepunkt der Bildergalerie Friedrichs des Großen: Caravaggios »Der ungläubige Thomas« (um 1601)

Neben antiken und barocken Skulpturen sorgen Werke aus Hochrenaissance, Manierismus und Barock, vor allem italienischer, niederländischer und französischer Meister für weitere Blickpunkte. Zu den Höhepunkten der 180 Exponate gehören Caravaggios »Ungläubiger Thomas« und von Dycks »Pfingstwunder«.

Chinesisches Haus ➡ E5
Park Sanssouci
Bus 612, 614: Schloss Sanssouci
✆ (03 31) 969 42 00
www.spsg.de
Mai–Okt. tägl. außer Mo 10–18 Uhr
Eintritt € 3/2

Die letzte bauliche Unternehmung des Alten Fritz: das Belvedere auf dem Klausberg

Den prachtvollen Grottensaal im Neuen Palais zieren mehr als 24 000 Muscheln, Mineralien und Halbedelsteine

Der exotische Pavillon ist Produkt der im 18. Jh. in Europa aufkommenden China-Mode. Das kleeblattförmige Gebäude, das Friedrich der Große 1754–64 von Johann Gottfried Büring errichten ließ und in dem die höfische Gesellschaft zu Teezeremonien zusammentraf, ist überaus verspielt und strotzt nur so vor Gold. Ihn schmücken Figuren, die Musikanten und Teetrinker darstellen. Im Inneren ist auf vergoldeten Konsolen erlesenes Porzellan zu bewundern.

Drachenhaus ➡ D3
Vgl. S. 76.

Friedenskirche ➡ E6
Vgl. S. 63.

Historische Holländermühle
➡ D5
Maulbeerallee 5
Bus 695: Drachenhaus
✆ (03 31) 550 68 51
www.spsg.de
April–Okt. tägl. 10–18, Nov. und Jan.–März Sa/So 10–16 Uhr
Eintritt € 3/1,50
1791 in holländischem Stil erbaut

diente das Gebäude bis 1858 als Getreidemühle und wurde anschließend zum Denkmal erklärt. Nachdem sie 1945 ausgebrannt war und in den 1980er Jahren notdürftig instandgesetzt wurde, sorgte ein Wiederaufbau dafür, dass sich die Flügel der Mühle heute wieder drehen. Außerdem lockt sie mit einer Ausstellung zur Mühlengeschichte und schönem Blick auf die Parklandschaft.

Neues Palais ➡ D/E3
Park Sanssouci, Am Neuen Palais
Bus 605, 606, 695: Neues Palais
✆ (03 31) 969 42 00
www.spsg.de
Tägl. außer Di April–Okt. 10–18, Nov.–März 10–17 Uhr
Eintritt Grand Tour € 8/6, Königswohnung € 5/4
Der letzte Schlossbau Friedrichs des Großen sollte vor allem Repräsentationszwecken dienen. Entsprechend pompös ist er ausgefallen – ein Rokoko-Bau von 220 m Länge mit über 300 Zimmern. Schon von Weitem ist die Tambourkuppel zu sehen, die von 400 Skulpturen auf dem Dach umgeben ist. Sie wird wiederum von

drei Grazien gekrönt, die die Krone Preußens tragen.

Im Inneren beeindrucken prunkvolle Festsäle und Apartments genannte Wohn- und Gästezimmer. Das Schlosstheater ist eine der wenigen aus dieser Zeit erhaltenen Bühnen, die Schauplatz von Konzerten und Opernaufführungen ist.

Orangerieschloss ➡ D4/5

An der Orangerie 3–5
Bus 612, 614, 695: Schloss Sanssouci bzw. Orangerie
✆ (03 31) 969 42 00
www.spsg.de
April Sa/So/Fei 10–18, Mai–Okt. Di–So 10–18 Uhr, Besichtigung außer Sa/So/Fei nur mit Führung
Eintritt € 4/3, Aussichtsturm € 2
Mit der Ausführung des 300 m langen Baus waren 1859–64 gleich mehrere Baumeister betraut: Ludwig Persius, Friedrich August Stüler und Ferdinand Hesse. So entstand ein mediterran anmutendes Ensemble mit Arkaden, Brunnen und Terrassen, in dessen Zentrum das Schlossgebäude mit Säulengalerie und einem Belvedere-Aufbau samt Türmen steht. Im vorderen Teil überwintern noch heute die kälteempfindlichen Kübelpflanzen aus dem Park, rechts und links schließen sich Seitenpavillons mit festlichen Wohn- und Repräsentationsräumen an. Im Mittelbau besticht vor allem der prächtige Raffaelsaal, in dem rund 50 goldgerahmte Kopien des italienischen Meisters auf roter Seidenbespannung hängen – darunter seine berühmte »Sixtinische Madonna«.

Römische Bäder ➡ E4

Park Sanssouci
Tram 91, 94: Schloss Charlottenhof
✆ (03 31) 969 42 00
www.spsg.de
Mai–Okt. tägl. außer Mo 10–18 Uhr, Eintritt € 5/4
Mit den Römischen Bädern haben Ludwig Persius, August Stüler und Ferdinand Hesse wieder ein Stück Renaissance nach Sanssouci geholt, als sie 1847–63 diese Aussichtsschlossanlage in der Nähe von Schloss Charlottenhof erschufen. Der asymmetrische, aus

Ausdruck der Italiensehnsucht Friedrich Wilhelms IV.: das Orangerieschloss im Park Sanssouci

Üppige Karyatiden von Georg Wenzeslaus von Knobelsdorff am vorspringenden halbovalen Mittelbau von Schloss Sanssouci

mehreren Gebäuden bestehende Komplex mit Bereichen zum Sinnieren orientiert sich an italienischen Landhäusern des 15. Jh.

Schloss Charlottenhof ➡ F4
Geschwister-Scholl-Str. 34
Trams 91, 94: Schloss Charlottenhof
✆ (03 31) 969 42 00
www.spsg.de

Mai–Okt. tägl. außer Mo 10–18 Uhr
Eintritt € 6/5
Ein Meisterwerk Karl Friedrich Schinkels ist das klassizistische Schlösschen im Mittelpunkt der gleichnamigen Parkanlage, die dem Park Sanssouci um 1826 hinzugefügt wurde. Neben dem Vestibül liegen Speisezimmer und Schreibkabinett mit Originalmöbeln von Schinkel, besonderer Blickfang ist das Zeltzimmer mit blau-weißer Stoffbespannung.

Schloss Neue Kammern ➡ D5
Park Sanssouci
Bus 612, 614, 695: Schloss Sanssouci
✆ (03 31) 969 42 00
www.spsg.de
April–Okt. tägl. außer Mo 10–18 Uhr, Eintritt € 6/5
1745–47 nach Entwürfen von Georg Wenzeslaus von Knobelsdorff erbaut handelt es sich um ein einzigartiges Rokoko-Schloss, das Sanssouci fast ebenbürtig ist. Ursprünglich war es als Orangerie geplant. Doch da Räumlichkeiten für Gäste und Feste fehlten, widmete es Friedrich II. mithilfe von Karl von Gontard und Georg

Morgenstimmung im Rosengarten von Schloss Charlottenhof

Die Schlösserlandschaft bei Nacht

Im August stellt die **Potsdamer Schlössernacht** den Jahreshöhepunkt im Park Sanssouci dar. Während die Gebäude festlich illuminiert werden, sorgen Konzerte, Tanzvorführungen und Theaterspiele für anspruchsvolle Unterhaltung. Stilvolle Kulinarik rundet das rauschende Gartenfest ab. Allerdings sollte man sich rechtzei-

Potsdamer Schlössernacht: kostümierte Besucher am Chinesischen Haus im Schlosspark Sanssouci

tig um eine der 33 000 Eintrittskarten bemühen. Information beim Potsdam Tourismus Service: ℰ (0331) 27 55 88 99, www.potsdamtourismus.de sowie www.potsdamer-schloessernacht.de..

Nicht weniger festlich präsentieren sich die Schlösser bei den **Nächtlichen Schlösserimpressionen**, die die Schifffahrt in Potsdam etwa zwölf Mal pro Jahr veranstaltet. Vom Dampfer aus und mit einem Glas Sekt in der Hand lässt man die beleuchteten historischen Schlösser an sich vorüberziehen, wobei vor der Heilandskirche von Sacrow auch eine Blechbläserkapelle spielt und am Ufer des Jungfernsees Elfen tanzen. Krönender Abschluss ist der Feuerregen vor der Glienicker Brücke. Information und Reservierung unter ℰ (03 31) 275 92 10, www.schifffahrt-in-potsdam.de.

Bei dem Rundgang **Wandeln in der Galerie des Königs** erlebt man die Schlösser des Parks Sanssouci. Von Mai bis Oktober werden Teilnehmer samstags um 11 Uhr durch zwei Jahrhunderte Park- und Architekturgeschichte geleitet. Höhepunkt ist die Besichtigung der Bildergalerie. Treffpunkt: Tourist Information Am Luisenplatz, ℰ (03 31) 27 55 88 99, www.potsdamtourismus.de.

Christin Unger 1771 zum Wohngebäude um. Besonderer Höhepunkt ist der zentrale Jaspis-Saal, der mit edlen Steinen ausgekleidet und einem Deckengemälde mit Venusdarstellung ausgestattet ist.

Schloss Sanssouci ➡ D5/6

Park Sanssouci, Maulbeerallee
Bus 612, 614, 695: Schloss Sanssouci
ℰ (03 31) 969 41 90
www.spsg.de
April–Okt. tägl. außer Mo 10–18 Uhr, Besichtigung mit Audioguide, Nov.–März tägl. außer Mo 10–17 Uhr, Besichtigung nur mit Führung
Eintritt € 12/8, Damenflügel

€ 2/1,50, Schlossküche € 4/3
In nur zwei Jahren (1745–47) errichtete Georg Wenzeslaus von Knobelsdorff das Gebäude im Stil des friderizianischen Rokoko mit zwölf Räumen, in denen Friedrich der Große zumindest zeitweise »sans souci« – ohne Sorge – war, Querflöte spielte, komponierte und mit Voltaire über den Sinn des Lebens debattierte. Im Schlaf- und Arbeitszimmer des Alten Fritz hängen Porträts der Königsfamilie. Schönstes Rokoko dekoriert wiederum das Musikzimmer mit Gemälden von Antoine Pesne. Die philosophischen Tafelrunden fanden im Marmorsaal statt.

Neuer Garten

Der ❸ **Neue Garten** wurde am Ende des 18. Jh. auf Betreiben des Kronprinzen und späteren Königs Friedrich Wilhelm (III.) in Form eines Englischen Gartens eingerichtet und sollte einen Gegenpol zum barocken Park Sanssouci darstellen. Zwischen Havel, Jungfern- und Heiligem See erstreckt sich der weitläufige Park auf über 100 ha.

Anfahrt mit den Trams 92 und 96 bis Rathaus oder mit Bus 603 bis Birkenstr./Alleestr. oder Schloss Cecilienhof.

Gotische Bibliothek ➡ D9
Mangerstr. 42
Der achteckige Bau wurde 1792–94 im Stil einer gotischen Kapelle erbaut. Einen Blick ins Innere kann man nur durch die Fenster werfen. Die Bücher wurden in das Stadtschloss verlagert, wo sie während des Bombenangriffs im April 1945 verbrannten.

Marmorpalais ➡ B9
Im Neuen Garten 10
℡ (03 31) 969 42 00, www.spsg.de
April Sa/So/Fei 10–18, Mai–Okt. tägl. außer Mo 10–18, Nov.–März Sa/So/Fei 10–16 Uhr, Besichtigung nur mit Führung
Eintritt € 6/5, Kombiticket mit Schloss Cecilienhof € 8/6
Mit diesem Schloss, das sich Friedrich Wilhelm II. von Carl von Gontard und Carl Gotthard Langhans erbauen ließ, wollte er sich vom Rokoko-Stil seines Onkels Friedrich des Großen abheben. So entstand 1787–91 dieses Kleinod im Neuen Garten, das den Auftakt des Klassizismus in Preußen markiert, mit Grotten-, Konzertsaal und den Wohnräumen des Königs. Mit den klassizistischen Innenräumen kontrastiert das Obergeschoss, wo Langhans das orientalische Kabinett eingefügt hat.

Meierei ➡ A9
Vgl. S. 79 f.

Das Ägyptische Portal der Orangerie im Neuen Garten – hier kann man im Sommer gemütlich im Pandoras Café sitzen

Blick auf die Meierei im Neuen Garten am Ufer des Jungfernsees, in der sich heute ein Brauhaus befindet

Muschelgrotte ➡ B9

Die Crystall- und Muschelgrotte am nördlichen Ende des Neuen Gartens wurde zwischen 1791 und 1794 als versteckter Rückzugsort für den preußischen König Friedrich Wilhelm II. errichtet. Eine Innenbesichtigung der Grotte ist nur nach vorheriger Anmeldung möglich: info@muschelgrotte.de.

Orangerie ➡ B/C9

Am Neuen Garten 7
Zwei schwarz gefärbte Statuen ägyptischer Götter des Bildhauers Johann Gottfried Schadow säumen das Portal, über dem eine Sphinx Wache hält. Im Sommer lockt hier das lauschige ✿ **Pandoras Café**.

Pyramide ➡ B9

Die sogenannte Pyramide, 1791/92 als Eiskeller erbaut, diente von Anfang an zum Frischhalten von Lebensmitten. Dafür wurde im Winter Eis aus dem Heiligen See in der untersten Etage des fünf Meter tiefen Kellers gelagert.

Schloss Cecilienhof ➡ A9

Am Neuen Garten 11
℡ (03 31) 969 42 00, www.spsg.de
Tägl. außer Mo April–Okt. 10–18,
Nov.–März 10–17 Uhr
Eintritt € 6/5, Kronprinzenwohnung € 4/3, Kombiticket mit Marmorpalais € 8/6
Den letzten Schlossbau der Hohenzollern im englischen Tudorstil, der mit seinen Fachwerkelementen eher wie ein größerer Landsitz als ein prunkvolles Schloss wirkt, ließ Kaiser Wilhelm II. 1913–17 von Paul Schultze-Naumburg für seinen ältesten Sohn, den Kronprinzen Wilhelm, und dessen Gemahlin Cecilie errichten. Indem der Architekt die einzelnen Baukörper geschickt um mehrere Innenhöfe gruppierte, wirkt das Gebäude deutlich kleiner, als es mit seinen 176 Zimmern eigentlich ist.

Heute informiert hier eine Dauerausstellung über das legendäre Zusammentreffen von Josef Stalin, Harry S. Truman und Winston Churchill, die an diesem Ort vom 17. Juli bis 2. August 1945 über die Nachkriegsordnung Deutschlands entschieden. Für die Potsdamer Konferenz wurden die Haupträume des Schlosses neu möbliert.

Im Westflügel des Schlosses soll 2018 der Hotelbetrieb nach Sanierungsmaßnahmen wieder aufgenommen werden.

Architektur und andere Sehenswürdigkeiten

⑧ Alexandrowka ➡ B/C8

Nördlich der Innenstadt erheben sich auf einer weitläufigen Grünfläche 13 kleine Holzhäuser im russischen Stil. Sie wurden 1826 auf Wunsch des preußischen Königs Friedrich Wilhelm III. erbaut, als Heim für die russischen Sänger, die in der preußischen Armee dienten, und zum Gedenken an den verstorbenen Zar Alexander I. In Haus Nr. 2 informiert das **Museum Alexandrowka** (vgl. S. 44) über die Kolonie, zu der auch die Alexander-Newski-Kapelle auf dem Kapellenberg gehört.

Alter Markt ➡ F8

Der Alte Markt bezeichnet das Areal rund um die **Nikolaikirche** (vgl. S. 66 f.). Die historische Mitte galt nach Aussagen von Zeitzeugen im 19. Jh. als einer der schönsten Plätze Europas. Nach der Bombennacht am 14. April 1945 wurde er weitgehend zerstört und die Ruinen 1959/60 abgerissen. Ein Großteil der Gebäude ist mittlerweile wiederaufgebaut worden (vgl. S. 111), wie das **Museum Barberini** (vgl. S. 46 ff.) und das **Stadtschloss** (vgl. S. 69).

Babelsberg ➡ C11–H16

Der Stadtteil Babelsberg erlangte durch das **Studio Babelsberg** (vgl. S. 29 f.), das älteste Großatelier-Filmstudio der Welt und größte Filmstudio Europas, weltweiten Ruhm. Der angrenzende **Filmpark** (vgl. S. 99) lockt Jahr für Jahr Zehntausende Besucher an. Ganz in der Nähe liegt auch die Villenkolonie **Neubabelsberg** (vgl. S. 30), in deren Villen einige Filmstars lebten und die den Teilnehmern der Potsdamer Konferenz, Truman, Churchill und Stalin, als Wohnort diente. Das Zentrum Babelsbergs ist durch zahlreiche Weberhäuser gekennzeichnet, über deren Geschichte die **Weberstube** (vgl. S. 50) informiert. Im Norden Babelsbergs erstreckt sich der **Park Babelsberg** (vgl. S. 27 ff.) mit dem **Schloss Babelsberg** (vgl. S. 67 f.).

❼ Belvedere auf dem Pfingstberg ➡ A8

Nähe Neuer Garten/Pfingstberg
Bus 638, 639: Am Pfingstberg
✆ (03 31) 20 05 79 30
www.pfingstberg.de
März–Okt. tägl. 10–18, April–Nov. Sa/So/Fei 10–16 Uhr
Eintritt € 4,50/3,50
Das Aussichtsschloss auf dem

Älter als sein Berliner Namensvetter: das Potsdamer Brandenburger Tor

Pfingstberg gehört zu den schönsten Prachtbauten Potsdams, der zugleich das beste Panorama auf die Stadt bietet. Von italienischen Vorbildern inspiriert schufen Ludwig Persius, August Stüler und Ferdinand Hesse bis 1863 eine opulente Doppelturmanlage mit Freitreppe, Kolonnaden und einem Innenhof mit Wasserbecken. Es wird häufig für Konzerte und andere Veranstaltungen genutzt. Nicht übersehen sollte man den benachbarten, hübschen **Pomonatempel** (um 1800) des damals erst 19-jährigen Karl Friedrich Schinkel. Der nach griechischem Vorbild entworfene Teepavillon war sein erstes ausgeführtes Bauwerk.

Reizvoll in seiner Fremdartigkeit: das Dampfmaschinenhaus an der Neustädter Havelbucht

Bornstedter Friedhof und Kirche
➡ C4
Ribbeckstraße
Bus 614: Ribbeckstr.
☎ (03 31) 52 05 68
www.evkirchepotsdam.de
Kirche: April–Nov. Di–So 14–17, Dez.–März Sa/So 14–17 Uhr
Auf diesem Friedhof haben viele historische Größen ihre letzte Ruhestätte gefunden – von Baumeister Ludwig Persius über Landschaftsgestalter Peter Joseph Lenné bis zum »Langen Kerl« Heinrich Wilhelm Wagenführer, der Grenadier des Leibgardebataillons des Soldatenkönigs war, aber auch Widerstandskämpfer des 20. Juli 1944 Kurt von Plettenberg.

Die 1855 erbaute Kirche entstand zusammen mit dem Krongut Bornstedt nach Entwürfen von Friedrich Wilhelm IV. und August Stüler. Im frei stehenden Campanile läuten zwei mittelalterliche Glocken, innen beeindrucken Eisengussreliefs und barocke Grabgedenksteine.

Botanischer Garten ➡ D4
Maulbeerallee 2
Bus 695: Orangerie
☎ (03 31) 977 19 36
www.uni-potsdam.de

Gewächshäuser und Biologischer Garten (südl. der Maulbeerallee) April–Sept. tägl. 9.30–17, Okt.–März tägl. 9.30–16 Uhr
Paradiesgarten (nördl. der Maulbeerallee) ganzjährig tägl. 8 Uhr bis Sonnenuntergang, Eintritt Schaugewächshäuser € 2/1
Bildungs- und Forschungsstätte der Universität Potsdam am Nordrand des Parks Sanssouci. Etwa 100 000 Arten geben einen Einblick in die Vielfalt der Pflanzenwelt.

Brandenburger Tor ➡ E7
Luisenplatz
Trams und Busse: Luisenplatz
Noch vor Berlin erhielt Potsdam sein Brandenburger Tor. Es befindet sich am Luisenplatz am westlichen Ende der Brandenburger Straße. Carl von Gontard hat es im Stil eines römischen Triumphbogens erbaut, 1770 wurde es von seinem Schüler Georg Christian Unger vollendet, wobei später auch noch die seitlichen Durchgänge hinzugefügt wurden.

Dampfmaschinenhaus ➡ F6
Breite Str. 28, Bus 606: Naturkundemuseum bzw. Feuerbachstr.
☎ (03 31) 969 42 00, www.spsg.de

Eine ganz besondere Architektur-Ikone: der Einsteinturm auf dem Telegrafenberg

Bis auf Weiteres geschl., nur im Rahmen von Sonderveranstaltungen geöffnet

Ein weiteres exotisches Kleinod ist das Dampfmaschinenhaus an der Neustädter Havelbucht in Form einer Moschee samt Minarett, das Friedrich Wilhelm IV. 1841–43 von Ludwig Persius erbauen ließ. Mithilfe der 81,4 PS starken Dampfmaschine stieg der Wasserstrahl der großen Fontäne vor Schloss Sanssouci auf ganze 38 m – eine technische Glanzleistung des jungen Unternehmers August Borsig.

✿ **Einsteinturm** ➡ südl. H9
Telegrafenberg
Bus 691: Telegrafenberg
✆ (03 31) 29 17 41
www.urania-potsdam.de
Führungen Sept.–März erster Sa im Monat 10 Uhr
Eine ganz besondere Architektur-Ikone ist das Sonnenobservatorium, das 1919–24 in Zusammen-

Nach Vorbild des römischen Pantheons: die Französische Kirche

arbeit mit dem Physiker Albert Einstein und dem Astronomen Erwin Finlay Freundlich entstand. Strahlend weiß, mit runden, geschwungenen Formen und anderen Elementen des Expressionismus wie auch des Jugendstils ist der Turm eines der bedeutendsten Werke des jungen Erich Mendelsohn und besaß bis zum Zweiten Weltkrieg das bedeutendste Sonnenteleskop Europas. Mithilfe eines Spiegelsystems sollte Licht von Himmelskörpern eingefangen und in ein senkrechtes Fernrohr geleitet werden, wo es, durch einen weiteren Spiegel in ein unterirdisches Labor geleitet, mittels eines Spektrums zerlegt wird. Damit sollte der Nachweis der durch Einsteins Relativitätstheorie vorhergesagten Rotverschiebung von Spektrallinien im Schwerefeld der Sonne bewiesen werden, was allerdings nicht gelang. Stattdessen hat sich das Großgerät bei der Untersuchung des Magnetfelds der Sonne bewährt.

Im Turm sind allerlei optische Geräte zu sehen. Einen Hauch von Wohnlichkeit vermittelt der kleine Saal, in dem das Kuratorium unter Einsteins Vorsitz tagte.

9 **Filmpark Babelsberg** ➡ H15
Vgl. S. 99.

Französische Kirche ➡ E9
Französische-/Ecke Charlottenstr.
Trams und Busse: Luisenplatz
✆ (03 31) 29 12 19
www.reformiert-potsdam.de
April–Okt. tägl. 13.30–17 Uhr, Gottesdienste am 1., 2., 3. So im Monat um 10 und 15 Uhr
Von Georg Wenzeslaus von Knobelsdorff um 1753 erbaut war die Kirche ein Geschenk Friedrichs des Großen an die Hugenotten in der Stadt. Besonderheit des schlichten ovalen Kuppelbaus ist der toskanische Portikus, den ein Giebel mit goldener Gloriole schmückt. Das hölzerne Innere hat Karl Friedrich

Die Friedenskirche im Marlygarten am Grünen Gitter zum Schlosspark Sanssouci

Schinkel gestaltet. Glanzstück ist die historische Orgel von Johann Wilhelm Grüneberg von 1783 mit ihrer hervorragenden Akustik.

Freundschaftsinsel ➡ F9
Zugänge: Lange Brücke oder Inselbrücke/Burgstraße
Tram: Lange Brücke oder 93, 94, 99: Burgstr./Klinikum
Ganzjährig von 7 Uhr bis zur Dunkelheit, Eintritt frei
In nächster Nähe zum Hauptbahnhof fasziniert ein gartenkünstlerisches, 6 ha großes Eiland des Staudenzüchters und Gartenarchitekten Karl Foerster. Auf dessen Anregung hin wurde hier Ende der 1930er Jahre der erste Schau- und Sichtungsgarten für winterharte Blütenstauden, Farne und Gräser Deutschlands angelegt.

Nach Zerstörungen im Zweiten Weltkrieg wurde er in den 1950er Jahren wieder hergestellt und 1996 schließlich vollständig rekonstruiert. Eine Sammlung von mehr als 20 Bronzeskulpturen verteilt sich zwischen Rosenbeeten sowie 1200 Arten von Gräsern und Stauden.

Im Sommer finden Kunstausstellungen sowie Open-Air-Kino-Aufführungen statt. Das Café mit Biergarten ist ein idealer Ort für eine Rast. Kinder erfreuen sich am großen Spielplatz.

Friedenskirche ➡ E6
Am Grünen Gitter
Trams und Busse: Luisenplatz
℡ (03 31) 97 40 09
www.friedenskirche-potsdam.de
Sommer Mo–Fr 10–18, Sa/So ab 12, Winter Sa 11–16, So 11.30–16 Uhr, Gottesdienste So 10.30 Uhr
Ein besonderes Kleinod ist die Friedenskirche, die sich in stiller Abgeschiedenheit am Eingang von Park Sanssouci inmitten des Marlygartens versteckt. An dem Bau, der um 1845 einem italienischen Kloster nachgestaltet wurde, wirkten Ludwig Persius, Ferdinand von Arnim, Ludwig Ferdinand Hesse und August Stüler mit. Von außen beeindruckt die dreischiffige Basilika mit ihrem filigranen Glockenturm, der sich in einem kleinen Teich spiegelt, das Innere wurde aus kostbarstem Marmor und Lavagestein sowie mit einer hölzernen Kassettendecke gestaltet. Hier fanden auch der Auftraggeber der Kirche, Friedrich Wilhelm IV., und seine Frau Elisabeth die letzte Ruhe.

**Garnisonkirche/Ausstellungs-
und Versöhnungskapelle** ➡ F7
Breite Straße
Trams und Busse: Alter Markt/
Landtag
✆ (03 31) 201 18 30
www.garnisonkirche-potsdam.de
Tägl. außer Mo 11–17 Uhr
Von Philipp Gerlach 1730–35 erbaut, sind von der 1945 ausge-
brannten und 1968 gesprengten
Garnisonkirche nur die Fundamente übrig geblieben, auf denen sie wieder aufgebaut werden
soll. Allerdings ist das Vorhaben
sehr umstritten, da in der Kirche
am »Tag von Potsdam«, dem
21. März 1933, auch Reichskanzler Adolf Hitler und Reichspräsident Paul von Hindenburg an
den Gräbern der Preußenkönige
zusammenkamen, was zu Hitlers
Popularität beitrug. Auch die hohen Baukosten werden kritisiert.
   Der Sakralbau war 1817 außerdem Ort der Vereinigung von
Reformierten und Lutheranern.
Seit 1991 erklingt das berühmte
nachgebaute Glockenspiel (das
Carillon) wieder regelmäßig.
Außerdem informiert eine Ausstellung in der Breiten Straße 7
über das Wiederaufbauprojekt
(vgl. S. 111).

⑩ Glienicker Brücke ➡ B12
Tram 93: Glienicker Brücke
Genau an der Stadtgrenze Potsdams zu Berlin liegt die ge-
schichtsträchtige Brücke über die
Havel, die während des Kalten
Kriegs weltweite Aufmerksam-
keit durch den Austausch von
Agenten erhielt. Der letzte, spektakuläre Agentenaustausch fand
am 11. Februar 1986 statt.
   Charakteristisch an der 1907
eingeweihten Stahlträgerkons-
truktion ist, dass zu DDR-Zeiten
die Berliner Hälfte in einer anderen Farbnuance gestrichen
wurde als die Potsdamer und
damit zur DDR gehörende Häl-
te. Noch heute markiert die
unterschiedliche Farbgebung
zusammen mit dem im Boden
verankerten Schriftzug »Deutsche Teilung bis 1989« die Mitte
des Bauwerks.

☀ Heilandskirche Sacrow
➡ aA3
Fährstraße, Sacrow
Bus 639: Heinrich-Heine-Weg,
dann Bus 697: Schloss Sacrow
✆ (03 31) 505 21 44
www.heilandskirche-sacrow.de
Mai–Aug. Di–Do 11–16, Fr–So
11–17, März/April und Sept./Okt.

*Schauplatz der spektakulärsten Agenten-Deals des Kalten Kriegs:
die Glienicker Brücke*

Di–Do 11–15.30, Fr–So 11–16, Nov.–Feb. Sa/So 11–15.30 Uhr

Am schönsten sieht sie vom Wasser aus, wo sie sich mit ihren Arkaden in der Havel spiegelt. Gleichzeitig versetzt einen der Campanile mit horizontalen Bändern aus blauglasierten Fliesen und blassrosa Backstein ein Stück weit nach Italien. Kein Wunder, denn für die dreischiffige Basilika, die Ludwig Persius um 1843 für Friedrich Wilhelm IV. erbaute, haben Sakralbauten aus südlichen Gefilden Modell gestanden.

Da sie zu DDR-Zeiten im Niemandsland stand, wurde das Innere von Grenzsoldaten zerstört, der Bau verfiel mehr und mehr, bis er Mitte der 1980er Jahre mithilfe von Spendengeldern notdürftig instand gesetzt wurde. Inzwischen ist der rechteckige Saalbau saniert, auch das monumentale Apsis-Gemälde mit der Darstellung von Christus und den vier Evangelisten von Adolf Eybel nach einem Entwurf von Carl Begas erstrahlt wieder in altem Glanz. Neben Gottesdiensten finden hier auch zahlreiche Konzerte statt.

Die italienisch geprägte Sacrower Heilandskirche lag zu DDR-Zeiten im Niemandsland

Hermannswerder ➡ H4–G7
Fährstraße, Hermannswerder
Bus 694: Hoffbauer-Stiftung
Der Name Hermannswerder geht auf Hermann Hoffbauer zurück, den einstigen Teppichfabrikanten und Initiator der 1901 gegründeten Hoffbauer-Stiftung, die auf der Halbinsel ihren Hauptsitz hat und eine Schule betreibt. Außerdem befinden sich hier noch ein sehenswerter Wasserturm, einige Villen und das Inselhotel Hermanswerder.

Jägertor ➡ D7
Hegelallee 11
Busse: Jägertor
Das 1733 entstandene Tor an der Hegelallee, das zusammen mit Nauener und Brandenburger Tor einst die Außengrenze der Stadt markierte, erhielt seinen Namen wegen des nahe gelegenen Fasanengartens, wo der Große Kurfürst auch einen königlichen Jägerhof anlegen ließ. Später ritt Friedrich Wilhelm I. durch das Tor in sein Jagdrevier. Dazu passen die Skulpturen dreier Jagdhunde, die auf dem Tor einen Hirsch reißen.

Jüdischer Friedhof ➡ A8
Puschkinallee 18
Tram 92, 96: Puschkinallee oder Am Schragen
Zwischen dem Belvedere auf dem Pfingstberg und der russisch-orthodoxen Kirche der Kolonie Alexandrowka hat der Jüdische Friedhof die letzten Jahrhunderte überdauert. Nachdem Friedrich der Große 1743 den jüdischen Bürgern ein Stück Land überließ, fanden hier Mitglieder der jüdischen Gemeinde die letzte Ruhe. Viele Gräber stammen noch aus dem 18. Jh. Nach einer langen Pause während der Nazi- und der DDR-Zeit finden hier seit 1992 wieder Beisetzungen statt.

Kaiserliche Matrosenstation Kongsnaes ➡ B12
Schwanenallee 7
Tram 93: Glienicker Brücke
www.matrosenstation.de

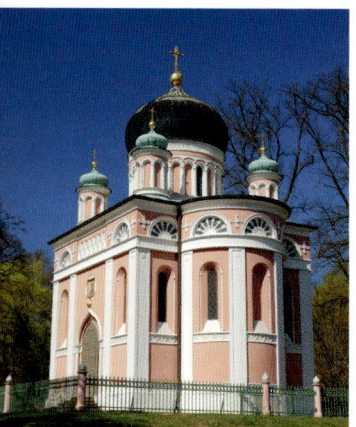

Die Alexander-Newski-Kirche der Russischen Kolonie Alexandrowka

Die ehemalige Anlegestelle wurde von 1891 bis 1895 für Kaiser Wilhelm II. erbaut und diente ihm für Ausflüge zur Pfaueninsel. 1945 zerstört, wurde das Ensemble nun wiederaufgebaut bzw. saniert. In dem im norwegischen Drachenstil gestalteten Hauptgebäude, der Ventahalle, ist ein Restaurant untergebracht.

Klein Glienicke ➡ B 14–C 15
Louis-Nathan-Allee
Bus 616: Schloss Babelsberg
Die idyllische Siedlung Klein Glienicke liegt an der Verbindung von Griebnitzsee und Havel. Unglücklicherweise führte die deutsche Teilung dazu, das die der DDR zugehörige Ortschaft beinahe rundum von West-Berlin und ab 1961 von einer Mauer umgeben war. Heute ist Klein Glienicke wieder ein beliebter Ausflugsort. Vgl. Bürgerhof, S. 83.

Krongut Bornstedt ➡ C 5
Ribbeckstr. 6/7
Tram 92: Kirschallee oder Bus 614, 650: Ribbeckstr.
☎ (03 31) 55 06 50
www.krongut-bornstedt.de
Gastronomie tägl. 11–23 Uhr
Eintritt frei

In nächster Nähe zum Park Sanssouci liegt das ehemalige Mustergut der Hohenzollern, das auch Sommersitz des Kronprinzenpaars Friedrich Wilhelm und seiner Gemahlin Victoria war. Nachdem es Friedrich Wilhelm in italienischem Stil neu errichten ließ, lockt es heute als Teil des UNESCO-Welterbes mit einem Zinnfigurenmuseum, einem Brauhaus, zwei Restaurants und Exerzierübungen der »Langen Kerls«. Zudem ist es beliebte Kulisse von Märkten, Hoffesten, einem romantischen Weihnachtsdorf, Konzerten und anderen Veranstaltungen.

Nauener Tor ➡ D 8
Friedrich-Ebert-Straße
Trams 92, 96: Nauener Tor
www.markt-am-nauener-tor.de
Wo Friedrich-Ebert-Straße und Hegelallee aufeinandertreffen, begrenzt das im Stil der englischen Gotik errichtete Tor das Holländische Viertel und die zentrale Innenstadt. Gebaut hat es 1755 Johann Gottfried Büring nach einer Skizze Friedrichs des Großen, im 19. Jh. wurde es mit seinen beiden Türmen dem damals vorherrschenden Stil der Neugotik angepasst.

Einige Cafés und Restaurants sowie der mittwochs und samstags (9–16 Uhr) stattfindende Markt beleben den Platz vor dem Tor.

② Nikolaikirche ➡ F 8
Am Alten Markt
Trams und Busse: Alter Markt/Landtag
☎ (03 31) 270 86 02
www.nikolai-potsdam.de, tägl. 10–19 Uhr, Gottesdienst So 10 Uhr
Das Wahrzeichen der Stadt: Markant ist nicht nur die Tambourkuppel in 77 m Höhe, charakteristisch ist auch der von Karl Friedrich Schinkel entworfene Grundriss des klassizistischen Baus in Form eines griechischen Kreuzes. Mit der Ausführung der quadratischen Hal-

lenkirche waren 1843–50 Ludwig Persius und August Stüler betraut, sie schmückten sie mit einem Giebelvorbau mit sechs Säulen.

Von den Malereien im Inneren haben sich nur Christus als Weltenrichter mit den zwölf Aposteln in der Apsis erhalten sowie die vier Propheten auf Goldgrund in der Kuppel. Außerdem hat der Altar von Schinkel aus schwarzem Marmor mit hölzernem Baldachin die Zeit überdauert.

Unbedingt zu empfehlen ist der Aufstieg zum Kolonnadendach, das einen der schönsten Ausblicke auf Potsdam bietet.

Normannischer Turm ➡ C6
Ruinenberg
Bus 692: Ruinenbergstr.
✆ (03 31) 969 42 00
www.spsg.de, vorübergehend nur im Rahmen von Sonderveranstaltungen geöffnet
Der Aussichtspunkt auf dem Ruinenberg mit weiter Sicht über Potsdam und Umgebung ist eine bizarre Landschaftsstaffage, bestehend aus Säulen, einem dorischen Rundtempel, einer Pyramide und einer antiken Theatern nachempfundenen Ruinenwand. Unter Friedrich dem Großen entstanden wurde sie zu Zeiten Friedrich Wilhelms IV. durch einen 23 m hohen Turm ergänzt. Peter Joseph Lenné sorgte für die Verbindung des Ruinenbergs zum Park von Sanssouci.

❽ Russische Kirche Alexander Newski ➡ B8
Russische Kolonie 14
Tram 92, 96: Puschkinallee oder Am Schragen
✆ (03 31) 29 63 13, www.r-o-k.de
Gottesdienste Sa 17, So 10 Uhr
Auf dem Kapellenberg in der Russischen Kolonie Alexandrowka steht die älteste, um 1828 erbaute russisch-orthodoxe Kirche auf deutschem Boden nach einem Entwurf von Karl Friedrich Schinkel. Auf einem würfelförmigen Unterbau erheben sich Kuppeln mit hohen Tambouren, im Osten bildet eine halbrunde Altarnische den Abschluss. Über dem Südtor ist wiederum der russische Nationalheilige Alexander Newski zu sehen. Außerdem schmücken zahlreiche Ikonen aus St. Petersburg den Sakralbau.

Schiffbauergasse ➡ D/E10
Vgl. S. 26 f.

Schloss Babelsberg
➡ C12
Park Babelsberg 10

Das Krongut Bornstedt ist als beliebtes Ausflugsziel fußläufig von Schloss Sanssouci erreichbar

Trams 94, 99: Humboldtring/
Nuthestr. oder Bus 616
☏ (03 31) 969 42 00, www.spsg.de
Nur geöffnet im Rahmen von
temporären Ausstellungen
1834/35 als Sommerresidenz für
den späteren Kaiser Wilhelm I.
und Prinzessin Augusta von Sach-
sen-Weimar entstanden, stellt das
Schloss mit seinem gleichnamigen
Park einen weiteren bedeutenden
Mosaikstein in der Potsdamer
Schlösser- und Gartenlandschaft
dar. Von außen wirkt das Schloss
im neugotischen Tudorstil mit seinen Zinnen, Erkern und Türmen
wie eine romantische Burg. Nach
Entwürfen Schinkels begonnen
sorgte Ludwig Persius 1844 für
eine Erweiterung, die schließlich
Johann Heinrich Strack mit ok-
togonalen Räumen und Spitzbo-
genfenstern, die fast bis auf den
Boden reichen, zur Vollendung
führte.

Im Schinkel-Bau befanden sich
das Vor-, Empfangs- und Arbeitszimmer Augustas, im Obergeschoss ihr Ankleide- und Schlafgemach mit Landschaftsansichten
aus England und religiösen Darstellungen. In Wilhelms Arbeits-
und Schlafzimmer mit hellblauer
Stuckdecke und gelben Rippen
bezeugen dagegen Bilder der
Schlacht bei Königgrätz die Leidenschaft des Kaisers für das
Militär.

Im Erweiterungsflügel entstand das Sommerdomizil für
Prinz Friedrich Wilhelm und die
englische Prinzessin Victoria.
Nach dem Tod des Kaisers 1888
blieb das Burgenschloss weitgehend unverändert und auch im
Zweiten Weltkrieg mehr oder
weniger unbeschädigt. Die Sanie-
rungsarbeiten an der Fassade des
Schlosses wurden 2016 beendet.
Von April bis Oktober sind auch
die Wasserspiele rund um das
Schloss wieder erlebbar.

Schloss Lindstedt ➡ C2
Lindstedter Chaussee 4
Bus 614: Lindstedter Chausee
www.spsg.de
Garten frei zugänglich, Räumlich-
keiten nur zu Veranstaltungen
Abseits der üblichen Touristen-
pfade und dennoch in der Nä-
he des Neuen Palais erhebt sich
Schloss Lindstedt. Ursprünglich als
Alterssitz für Friedrich Wilhelm IV.
geplant, wohnten dort von 1803
bis 1828 auch Vorfahren Vicco von
Bülows, besser bekannt als Loriot.

Schloss Sacrow ➡ aC3
Krampnitzer Str. 33, Halbinsel
Sacrow
Bus 639: Heinrich-Heine-Weg,
dann Bus 697: Schloss Sacrow
www.spsg.de
Geöffnet nur im Rahmen von
temporären Ausstellungen

*In der historischen Mitte, am Alten Markt, steht das rekonstruierte
Stadtschloss, das den Brandenburger Landtag beherbergt*

Unweit der Sacrower Heilandskirche liegt das relative schlichte Herrenhaus inmitten des gleichnamigen Parks auf der Halbinsel Sacrow. Es geht auf ein mittelalterliches Rittergut zurück und wurde später im barocken Stil neu gebaut, bevor es Friedrich Wilhelm IV. erwarb und Peter Joseph Lenné mit der Gestaltung der Parkanlage beauftragte.

Im Zuge dessen baute Ludwig Persius das Gebäude zum repräsentativen Landsitz um. Nach weiteren Umbauten im Jahr 1938 harrt es heute seiner abschließenden Sanierung, wird aber in den Sommermonaten ab und zu für Ausstellungen geöffnet.

Stadtschloss/
Landtag Brandenburg ➡ F8
Alter Markt
Trams und Busse: Alter Markt/
Landtag
℡ (03 31) 966 12 60
www.landtag-brandenburg.de
Bereits im 10. Jh. soll am Havelufer eine Slawenfestung gestanden haben. Das heutige Stadtschloss am Alten Markt ist eine Nachbildung des Gebäudes, das im Zuge des Ausbaus von Potsdam zur Residenzstadt unter Friedrich dem Großen entstand; Georg Wenzelslaus von Knobelsdorff gestaltete 1744–51 den Vorgängerbau im Stil des friderizianischen Rokoko um. Nachdem es im Zweiten Weltkrieg weitgehend ausgebrannt war, wurde es zu DDR-Zeiten abgerissen. Doch durch den massiven Einsatz einer Bürgerinitiative und von Sponsoren wurde der Wiederaufbau vorangetrieben und 2013 vollendet.

Inzwischen residiert hier der **Brandenburgische Landtag**. Das Knobelsdorff-Treppenhaus, das Foyer mit einem interaktiven Gebäudemodell, die Cafeteria und die Ausstellungen sind Mo–Fr 9–18 Uhr zugänglich, der Landtagsinnenhof täglich 8–20 Uhr.

St. Peter und Paul am östlichen Ende der Brandenburger Straße

Die Dachterrasse ist von 8–10 und von 13–18 Uhr geöffnet.

St. Peter und Paul ➡ E8
Bassinplatz
Tram 92, 96: Brandenburger Str. oder Busse: Bassinplatz
℡ (03 31) 230 79 90
www.peter-paul-kirche.de
Di–Sa 10–18, So 12–16 Uhr, Messe Sa 18, So 10 Uhr
Die katholische Kirche, die die Brandenburger Straße nach Osten abschließt, wurde ursprünglich als Garnisonkirche für die katholischen Soldaten gebaut. Heute ist der von August Stüler und Wilhelm Salzenberg 1867–79 errichtete Bau Pfarrkirche der katholischen Gemeinde. Der 64 m hohe Glockenturm wurde dem Campanile von San Zeno Maggiore in Verona nachempfunden, der Grundriss besitzt die Form eines griechischen Kreuzes. Im Inneren befinden sich drei Gemälde von Antoine Pesne, dem Direktor der Berliner Kunstakademie ab 1722.

Volkspark ➡ A6–B7
Vgl. S. 100. ▪

Übernachten

Potsdam verfügt über Beherbergungsbetriebe aller Kategorien von der einfachen Pension über die Unterkunft auf einem Boot bis zum Vier-Sterne-Superior-Hotel. Einige Adressen liegen auch im oder ganz nah am Gebiet des UNESCO-Welterbes, andere wiederum direkt an einem der Seen, sodass der Aufenthalt in der Stadt auch den Charakter eines Erholungsurlaubs haben kann. Seit Oktober 2014 müssen Beherbergungsbetriebe fünf Prozent vom Nettoübernachtungspreis an die Stadt abführen.

Die hier angegebenen Preiskategorien gelten jeweils für ein Doppelzimmer mit Frühstück.

€	–	bis 80 Euro
€€	–	bis 125 Euro
€€€	–	bis 150 Euro
€€€€	–	über 150 Euro

Hotel Bayrisches Haus ➡ aB2
Im Wildpark/Elisenweg 2
Bus 631: Bayrisches Haus
℡ (03 31) 550 50
www.bayrisches-haus.de
Das idyllisch gelegene Haus abseits des Zentrums war ein Geschenk von Friedrich Wilhelm IV. an seine aus Bayern stammende Gemahlin Elisabeth und ist mit seinem typischen Blockhausstil ein liebenswertes Refugium für alle, die auf stilvollen Komfort Wert legen. Neben seinem mit einem Michelin-Stern ausgezeichneten Gourmetrestaurant und der »Alten Försterei« mit Landhausküche besticht es durch den großen Wellnessbereich. €€€€

Hotel Brandenburger Tor Potsdam ➡ E7
Brandenburger Str. 1
Trams und Busse: Luisenplatz
℡ (03 31) 87 70 00 00
www.hotel-brandenburger-tor.de
Der Name verrät schon, dass das Vier-Sterne-Hotel am zentralen Luisenplatz liegt. Elegante Zimmer, ein Frühstück auf erlesenem KPM-Porzellan und die Hotelbar Voltaire machen den Aufenthalt rundum angenehm. €€€

Das erste Haus am Platz: Hotel Brandenburger Tor Potsdam

Inselhotel Potsdam Hermanns-werder ➡ H4
Hermannswerder, Ortsteil Templiner Vorstadt
Bus 693: Inselhotel Hermannswerder
℡ (03 31) 232 00
www.inselhotel-potsdam.de
Ruhe und Erholung verspricht die Insellage des Hotels mit eigener Schiffsanlegestelle, Yachthafen und Badesteg. Für das leibliche Wohl sorgt das Seerestaurant mit Terrasse, außerdem stehen den Gästen ein großer Wellnessbereich und ein kostenfreier Parkplatz zur Verfügung. Kinder haben am Streichelzoo mit Esel Fritz und Ponystute Wilhelmine ihr Vergnügen. €€€

Blick auf die Halbinsel Hermannswerder

Steigenberger Hotel Sanssouci ➡ E6
Allee nach Sanssouci 1
Trams und Busse: Luisenplatz
℡ (03 31) 909 10
www.steigenberger.com
Näher an Sanssouci geht es nicht. Und auch die historische Innenstadt liegt gleich vor der Tür. Dazu bietet das Haus gemütliche Zimmer in warmen Farben mit Vier-Sterne-Komfort, ein Restaurant, die Bistro-Bar »Friedrich's« sowie die Sommerterrasse im Kutscherhof. Für Entspannung sorgt ein kleiner Wellnessbereich mit Dampfbad und Sauna. Der Preis schließt auch das Ticket für den Nahverkehr in Potsdam und Berlin ein. €€€

Hotel Villa Monte Vino ➡ D6
Gregor-Mendel-Str. 27
Bus 695: Brentanoweg
℡ (03 31) 201 33 39
www.hotelvillamontevino.de
Das Drei-Sterne-Superior-Hotel befindet sich auf einem Hügel über dem Winzerberg von Sanssouci, am Rande des Parks. Vom Hotel hat man einen wunderbaren Blick auf die Stadt. Mit Bar, WLAN, Sauna, Fitnessraum. €€€

Das kleine Apartmenthotel im Holländerhaus ➡ D8
Kurfürstenstr. 15
Busse: Hebbelstr.
℡ (03 31) 27 91 10
www.hollaenderhaus.de
Klein, aber fein ist das authentische Holländerhaus im gleichnamigen Viertel mit acht Apartments, zwei Suiten und mediterranem Innenhof. Auch eine Sauna steht zur Verfügung. Das Frühstück wird separat mit € 14 berechnet. €€

Hotel zum Hofmaler ➡ D8
Gutenbergstr. 73
Tram 91, 92, 99: Platz der Einheit
℡ (03 31) 73 07 60
www.hofmaler-hotel-potsdam.de
Dieses beliebte Hotel empfängt seine Gäste direkt im Zentrum des Holländischen Viertels. In den Räumen des 1740–42 erbauten Hauses lebte einst der Hofmaler von Friedrich dem Großen, Friedrich-Wilhelm Bock, der u. a. bei der Gestaltung des Belvedere auf dem Klausberg mitwirkte. Ein moderner Anbau wurde vor einigen Jahren hinzugefügt, um die Kapazitäten des Hotels zu erweitern. Die liebevoll eingerichteten Zimmer bieten trotz zentraler

Das Entrée des Hotels am Luisenplatz schmückt eine Kopie des Doppelstandbildes von Kronprinzessin Luise von Preußen und ihrer Schwester Friederike

Lage des Hauses Ruhe. Für einen längeren Aufenthalt empfehlen sich die beiden Suiten. €€

Hotel am Luisenplatz ➡ E6
Luisenplatz 5, Busse: Luisenplatz
℡ (03 31) 97 19 00
www.hotel-luisenplatz.de
Privat geführtes Hotel in einem schönen Stadtpalais von 1726 mit historischem Flair. Neben dem kulinarischen Angebot des argentinischen Restaurants »El Barón« und dem Wiener Café-Restaurant besticht es durch seine Lage am Brandenburger Tor. €€

NH Voltaire Potsdam ➡ D8
Friedrich-Ebert-Str. 88
Tram 92, 96: Nauener Tor
℡ (03 31) 231 70
www.nh-hotels.com
Ruhig und zentral gelegen in nächster Nähe zum Holländischen Viertel ist das Vier-Sterne-Haus in einem Palais aus dem 19. Jh. sowie einem Neubau das perfekte Stadthotel. Für Erholung sorgt nicht nur der kleine Wellnessbereich mit Sauna, auch im Innenhof, auf der Dachterrasse, im Restaurant und der Bar kann man nach einem Stadtrundgang entspannen. €€

Remise Blumberg ➡ D7
Weinbergstr. 26
Bus 614: Friedenskirche
℡ (03 31) 280 32 31
http://remise-blumberg.de
Eine bessere Lage kann man sich für ein Bed & Breakfast kaum vorstellen. Die Gäste, die das Glück haben, eines der neun Apartments ergattert zu haben, werden sich vor allem über die freundlichen Gastgeber freuen. Sehr idyllisch ist das Frühstück in der Remise im Innenhof. Zum Schloss Sanssouci und in die Innenstadt sind es nur wenige Meter. €€

Schiffspension Luise ➡ C11
Berliner Str. 58
Tram 93: Ludwig-Richter-Str.
℡ (03 31) 24 02 22
www.schiffspension.de
www.pension-tiefensee.de
Ob normale Kajüte oder Kapitänskajüte – hier wohnt man auf dem Wasser und bekommt das maritime Flair des alten Transportkahns zu spüren. Wem das nicht geheuer ist, der kann auch in die dazugehörige **Pension am Tiefen See** ausweichen. Das Frühstück wird mit € 9,50 separat berechnet. €€

Waveboard Boardinghouse
➡ D10
Schiffbauergasse 13 A/B
Tram 94: Schiffbauergasse
℡ (03 31)) 200 85 90
www.waveboard-potsdam.com
Das Aparthotel Waveboard befindet sich mitten im Potsdamer Erlebnisquartier Schiffbauergasse (vgl. S. 26 f.). Es eignet sich für einen längeren Aufenthalt, denn neben modernen Apartments mit Blick auf den Tiefen See (in der obersten Etage), die alle mit Küche ausgestattet sind, finden Besucher auch Waschmaschinen, Trockner und Bügeleisen vor. €€

Hotel am Großen Waisenhaus
➡ E7
Lindenstr. 28/29
Bus 606: Naturkundemuseum
℃ (03 31) 601 07 80
www.hotelwaisenhaus.de
Ein denkmalgeschütztes Barock-
gebäude mit langer Geschichte:
Unter Friedrich dem Großen als
»Kaserne für beweibte Grena-
diere« erbaut, wurde es später
Lazarett des Waisenhauses. Jetzt
empfiehlt es sich mit seinen de-
zent gestylten Zimmern als ideales
Stadthotel für alle, die das Indivi-
duelle lieben. €–€€

Quartier-Hostel ➡ C4
Ribbeckstr. 41
Bus 695: Orangerie
℃ (03 31) 273 99 39
www.potsdam-hostel.de
Preiswerter geht es kaum: für
€19 pro Person im Vierbettzim-
mer bzw. für € 49 im Doppelzimmer mit Bad kann man hier
an der Nordseite von Schloss
Sanssouci in nächster Nähe zum
Krongut Bornstedt übernachten.
Mit kostenfreiem WLAN, haus-
eigenem Fahrradverleih und
Gemeinschaftsküche. €

FRITZ Apart Hotel ➡ F12/13
Weberplatz 17
Tram 94, 99: Rathaus Babelsberg
℃ (03 31) 235 40 40
https://hotelfritz.de
Ruhe pur, faire Preise und eine
gute Lage am Babelsberger Weberplatz mit seinen niedlichen
Weberhäusern. Die Zimmer und
Apartments sind zwar relativ
schlicht eingerichtet, dafür aber
gepflegt und sauber. Jeden Samstag gibt es auf dem Weberplatz
einen Bauernmarkt. €

Camping Sanssouci ➡ aB2
An der Pirschheide 41
Tram 91: Bhf. Pirschheide
℃ (03 31) 951 09 88
www.camping-potsdam.de
Das ehemalige Jagdrevier wurde von Peter Joseph Lenné zur
Gartenanlage als Anhängsel von
Sanssouci am Wasser umgestal-
tet. Hier kann man zelten, es
gibt Stellplätze für Wohmmobile
und Ferienzimmer. Wer will, kann
auch zu Wasser, nämlich auf dem
Templiner See, oder im Rahmen
einer Fahrradtour über den Eu-
roparadweg F1 anreisen. Mehr-
fach ausgezeichnet wurde der
Premium-Campingpark auch wegen seiner guten Ausstattung mit
Bootsvermietung, Gasflaschen-
tauschservice, Fahrradverleih und
Animationsprogramm. € ▧

Das Weberviertel Nowawes von Potsdam mit seinen denkmalgeschützten
»Weberhäuschen« befindet sich im Stadtteil Babelsberg

Essen und Trinken
Restaurants und Cafés

In den letzten Jahren sind in Potsdam neue Restaurants, Bistros, Weinstuben und Cafés wie Pilze aus dem Boden geschossen, vor allem in der historischen Innenstadt rund um die **Brandenburger Straße** und im **Holländischen Viertel.** Inzwischen haben Besucher die Qual der Wahl: Soll es gehobene Feinschmeckerküche sein? Typisch regionale Spezialitäten? Vegetarisches? Preiswerte Snacks oder eine besonders idyllische Terrasse am Wasser? Alles lässt sich in und um Potsdam finden, mit Sicherheit werden auch besonders Wählerische nicht enttäuscht.

Die folgenden Preiskategorien beziehen sich auf ein Hauptgericht.

€	–	bis 15 Euro
€€	–	15 bis 25 Euro
€€€	–	über 25 Euro

Restaurants

Friedrich Wilhelm ➡ aB2
Im Wildpark 1
Bus 631: Bayrisches Haus
✆ (03 31) 550 50
www.bayrisches-haus.de
Mi–Sa 19–22 Uhr
Die Feinschmecker-Adresse schlechthin. Im Nobelhotel Bayrisches Haus behauptet Küchenchef Alexander Dressel schon

Das Potsdamer Fischrestaurant mit Tradition: »Der Butt«

seit 2004 seinen Michelin-Stern. Gern werden seine Kreationen in Form von Drei-, Vier-, Fünfoder Sechs-Gang-Menüs für € 79–110 goutiert. Auf die passenden Weinempfehlungen kann man sich verlassen. €€€

Juliette ➡ D8
Jägerstr. 39
Tram 92, 96: Brandenburger Str.
✆ (03 31) 270 17 91
www.restaurant-juliette.de
Tägl. außer Di 12–15.30 und 18–22 Uhr
Elegantes Restaurant im Landhausstil mit französisch-mediterraner Küche. Hier sollte man sich Zeit für ein Drei-, Vier-, Fünf- oder Sechs-Gang-Menü nehmen. €€€

Speckers Landhaus ➡ D7/8
Jägerallee 13
Tram 92, 96: Rathaus oder Busse: Jägertor, ✆ (03 31) 280 43 11
www.speckers.de, Di–Sa ab 17 Uhr
In dem hübschen »Landhaus« mit schöner Terrasse kümmert sich die super-professionelle Specker-Crew um Herd, Weinkeller und Gäste. Zum Repertoire gehören z. B. Entenbrust mit glasierter Feige auf Spitzkohl oder Gänseleberterrine mit Eisweingelee, Trauben und Brioche. €€€

Der Butt ➡ E8
Gutenbergstr. 25
Tram 92, 96: Brandenburger Str.
✆ (03 31) 200 60 66

Regionale Spezialitäten

Bier

Auf dem **Krongut Bornstedt** wird bereits seit 1689 Bier gebraut, heute das obergärige helle »Bornstedter Büffel« sowie das dunkle malzaromatische Braunbier. Zur Weihnachtszeit wird außerdem das Bockbier »Bornstedter Büffel Bernstein« gebraut (vgl. S. 66).

Die Bierspezialitäten der **Braumanufaktur im Forsthaus Templin** sind von den Getränkekarten vieler Potsdamer Gaststätten nicht mehr wegzudenken. Die regionalen Biersorten (wie das Potsdamer Stangenbier) des Naturlandbetriebs können auch im Forsthaus gekauft und verköstigt werden (vgl. S. 92).

Sanddorn

Auf Fruchtiges aus der »Zitrone des Nordens« hat sich der **Frucht-Erlebnis-Garten** (www.sanddorn-garten-petzow.de) von Christine Berger in Petzow spezialisiert. Hier werden die vitaminreichen Früchte nicht nur angebaut, sondern auch zu Saft, Secco, Tee, Marmelade und anderem Brotaufstrich verarbeitet (vgl. S. 34).

Schokolade und mehr

Die **Confiserie Felicitas** in der Gutenbergstr. 26 (vgl. S. 92) vertreibt feinste Produkte aus ihrer gleichnamigen Schokoladenmanufaktur in Hornow wie Tafeln, Pralinen und Hohlfiguren. Die himmlischen Pralinen der **Galerie Délice** in der Friedrich-Ebert-Str. 69 (www.galerie-delice.de) werden direkt vor Ort in liebevoller Handarbeit produziert. Eher zum Verzehr an Ort und Stelle geeignet sind die einmaligen Torten, die die Konditorei **La Maison du Chocolat** im Holländischen Viertel anbietet (vgl. S. 82). Schließlich hält auch der Laden **SchokoKunst** (vgl. S. 93 f.) in der Hebbelstr. 46 Schokoladenspezialitäten wie »blühendes Konfekt« vorrätig.

Spezialitäten wie Anisbären, Bananenlakritz, Honigwaben oder Chili- und Kräuterlakritz lassen in der Jägerstr. 21 im **Lakritzkontor** (www.lakritzkontor.de) nicht nur Kinderherzen höher schlagen.

Q-Regio-Hofladen

Das Angebot an regionalen Spezialitäten in der Stadt Potsdam, vor allem aber im Land Brandenburg, ist weitaus größer als die meisten Besucher erwarten. Davon kann man sich im Q-Regio-Hofladen im Holländerviertel einen hervorragenden Überblick verschaffen (vgl. S. 93).

Wein

Neben dem **Obstwein aus Werder** gedeihen auf dem **Werderaner Wachtelberg** seit 1985 auch wieder Rebsorten wie Müller-Thurgau, Sauvignon, Saphira oder Kernling, die zu trockenen oder halbtrockenen Tropfen wie dem roten Velvet, Regent oder Dornfelder oder dem Winzersekt Fridericus Brut verarbeitet werden. Am besten verkostet man die edlen Getränke vor Ort in der Straußwirtschaft des **Weinbauern Dr. Lindicke** (Plessower Eck 2, Werder, ☎ 03 31-74 14 10, www.weinbau-lindicke.de, Ostern–Mitte Okt. Fr ab 14, Sa/So ab 10 Uhr, ab Aug. zusätzlich Mo–Do ab 10 Uhr).

www.der-butt.de, tägl. ab 12 Uhr
Ob es Fisch aus einheimischen
Gewässern wie Zander, Regenbogenforelle und Havel-Aal oder aus
fernen Meeren sein soll, wie Ostseedorsch, Husumer Scholle oder
Jacobsmuschel – in dem traditionsreichen Haus, das schon 1842
Schankwirtschaft war, kommen
Fischliebhaber auf ihre Kosten. €€

Chi Keng ➡ E6
Luisenplatz 3
Trams und Busse: Luisenplatz
✆ (03 31) 95 13 77 57
Tägl. 12–22 Uhr
Das klar strukturierte Restaurant
und Sushi-Bar besticht durch seine leichte asiatische Küche. Man
kann bei der Zubereitung der
Speisen zusehen. Die Reispapier-
Rollen schmecken einfach himmlisch. €€

Drachenhaus ➡ D3
Maulbeerallee 4 A
Bus 695: Drachenhaus
✆ (03 31) 505 38 08, April–Okt.
tägl. 11–20, Nov.–Dez. Di–Sa 11–
18, Jan./Feb. Sa/So 11–18 Uhr
Das historische Drachenhaus am
Park Sanssouci empfängt die Gäste nicht nur mit seinem asiatisch
inspirierten Ambiente, sondern
auch mit großem Speisenangebot. Vom in Sesam gebratenem

Ziegenkäse über Bio-Lendchen in
Gorgonzola-Sauce bis zu Aprikosen-Schmandkuchen ist für jeden
Gaumen etwas dabei. €€

Garage du Pont ➡ B11/12
Berliner Str. 88
Tram 93: Glienicker Brücke
✆ (03 31) 87 09 32 72
www.garagedupont.de
Mo–Sa 12–23, So 10–23 Uhr
Ein französisches Bistro und Café
in einer ehemaligen Tankstelle ist
an sich schon etwas Besonderes.
Die Abendkarte reicht von unkomplizierten Speisen wie Flammkuchen bis hin zu Gerichten wie
Entrecôte vom Premium Beef.
Nostalgisches Tankstellen-Ambiente unweit der Glienicker Brücke. Mit Oldtimermuseum in den
ehemaligen Werkstatthallen. €€

Il Teatro ➡ D10
Schiffbauergasse 12
Tram 93, 94, 99: Schiffbauergasse
✆ (03 31) 20 09 72 91
www.ilteatro-potsdam.de
Di–So 11.30–24 Uhr
In einer alten Zichorienmühle auf
der Schiffbauergasse bietet sich
der Italiener ideal in Verbindung
mit einem Besuch des Hans-Otto-
Theaters an. Pasta, Riesengarnelen und ein Tiramisu runden einen
Tanz- oder Theaterabend ab. €€

Französische Gastfreundschaft im Holländischen Viertel: Maison Charlotte

Kades Restaurant
Am Pfingstberg → A8
Große Weinmeisterstr. 43 B
Tram 92, 96: Am Schragen oder
Busse: Am Pfingstberg
☎ (03 31) 29 35 33
www.restaurant-pfingstberg.de
Tägl. außer Di Mai–Sept. 12–22,
Okt.–April Mo 12–21 Uhr
Wunderschön ist die idyllische Lage
mit Sommergarten beim Aussichtsschloss auf dem Pfingstberg.
Regionale Küche, darunter auch
Wildspezialitäten oder Buletten
mit Apfelrotkraut kommen hier
auf den Tisch. Außerdem sorgen
Chansons, Kabarettabende oder
Jazz-Frühschoppen für Unterhaltung. €€

Maison Charlotte → D8
Mittelstr. 20
Tram 92, 96: Nauener Tor
☎ (03 31) 280 54 50
www.maison-charlotte.de
Tägl. 12–23 Uhr
Gemütliches Bistro mit provenzalischer Küche. Am Kaminfeuer
kann man sich Coq au Vin, frische
Salate, Crème Brûlée, aber auch
Austern, elsässischen Flammkuchen und bretonische Fischsuppe
schmecken lassen. Auch preiswerte Mittagsgerichte. €€

Mövenpick Restaurant
Zur Historischen Mühle → D5
Zur Historischen Mühle 2
Bus 695: Schloss Sanssouci
☎ (03 31) 28 14 93
www.moevenpick-restaurants.
com, tägl. 8–23 Uhr
In nächster Nähe zu Schloss Sanssouci kann man sich hier mit
Frühstücksspezialitäten, Kalbsleber nach Berliner Art und allerlei
Gegrilltem stärken. Mit großer
Terrasse und Kinderspielplatz. €€

Pino → D7
Weinbergstr. 7
Busse: Jägertor oder Mauerstr.
☎ (03 31) 270 30 30
www.pino-potsdam.de

In nächster Nähe zu Schloss Sanssouci: Mövenpick Restaurant zur Historischen Mühle

Mo–Sa 18–24 Uhr
Olivenöl, Knoblauch und frische
Kräuter sind die Würze für die
vorzüglichen, italienisch angehauchten Antipasti, Pasta- und
Dessert-Kreationen, mit denen die
Gäste in stilvoller Atmosphäre inmitten unverputzter Ziegelwände
verwöhnt werden. €€

Anna Amalia → aB2
An der Pirschheide 41
Tram 91, 98: Bhf. Pirschheide,
dann 1,3 km zu Fuß
☎ (03 31) 96 79 36 16
www.anna-amalia-restaurant.de
Mo–Fr 17–22, Sa/So/Fei 12–22 Uhr
Das Lokal am Ufer des Templiner
Sees ist ideales Ziel eines Zweiradausflugs, denn der Radweg F1
führt hier direkt vorbei. Es gibt
regionale Speisen – Wild, Fisch,
Salate – bei tollem Ausblick. Im
Winter prasselt das Kaminfeuer.
Mit Terrasse und Spielplatz. €–€€

Genusswerkstatt → F8
Breite Str. 1 A
Tram 91, 92, 96, 98, 99: Alter
Markt/Landtag
☎ (03 31) 74 03 77 07
Mo 10–16, Di–So 10–22 Uhr
Gegenüber vom Landtag teilt sich
das Restaurant den ehemaligen
Marstall mit dem Filmmuseum. Es
verwundert nicht, dass man zur
Mittagszeit ein paar Parlamentarier erspäht. Aber auch Nicht-Politiker genießen die italienisch
angehauchten Speisen aus der of-

fenen Küche an langen Tischen. Frische, kulinarische Abwechslung in moderner Umgebung. €–€€

Heiderbräu ➡ D8
Friedrich-Ebert Str. 30
Tram 92, 96: Nauener Tor
✆ (03 31) 23 53 52 18
http://heiderbraeu.de
Tägl. 11.30–23 Uhr
Deftige deutsche und österreichische Küche in modernem Ambiente serviert das neue Restaurant direkt am Nauener Tor. Die Bierauswahl ist beachtlich, das hauseigene Bier sehr empfehlenswert. Die Speisekarte reicht von Brotzeiten bis hin zu saftigen Steaks. €–€€

Sala Thai ➡ D7
Dortustr. 71 C, im Hof
Tram 91, 94, 98: Dortustr.
✆ (03 31) 280 36 70
www.salathai-potsdam.de
Tägl. 11.30–22 Uhr
Etwas versteckt gelegenes Thai-Restaurant im Familienbetrieb in der Altstadt. Liebevolle fernöstliche Dekoration und eine breite Auswahl schmackhafter Speisen. €–€€

Zum fliegenden Holländer ➡ D8
Benkertstr. 5
Tram 92, 96: Nauener Tor
✆ (03 31) 27 50 30
www.zumfliegendenhollaender. de, tägl. 10–23 Uhr
Gemütliches Wirtshaus im Holländischen Viertel auf zwei Etagen, das märkische Küche mit internationaler Note serviert. Schon 1869 wurde hier eine erste Schankwirtschaft eröffnet. €–€€

Braumanufaktur ➡ aB2
Vgl. S. 92.

Athos ➡ F5
Zeppelinstr. 152
Tram 91: Auf dem Kiewitt
✆ (03 31) 97 45 24
www.athos-potsdam.de, tägl. 11.30–14.30 und 17.30–24 Uhr
Von außen erscheint das griechische Restaurant recht unauffällig, die schlichte Außenfassade wirkt nicht gerade einladend. Doch kaum betritt man das Athos, fühlt man sich in einer anderen Welt. Das wie eine Taverne eingerichtete Lokal überzeugt mit authentischen Speisen und lockt zu Recht zahlreiche Gäste an, deswegen

Neben dem Stadtschloss gibt es traditionelle italienische Küche in der L'Osteria

ist eine Reservierung unbedingt zu empfehlen. €

Herr Dang ➡ E7
Brandenburger Str. 16
Tram 91: Dortustr.
℡ (03 31) 88 71 66 92
www.herr-dang.de
Tägl. 11.30–22 Uhr
Ein idealer Ort für Gäste, die ihren Hunger unterwegs stillen möchten. Gut gewürzte und mit frischen Produkten zubereitete asiatische Gerichte (v. a. vietnamesisch, Sushi) überzeugen nicht nur Touristen, sondern ebenso viele Potsdamer. Die relativ günstigen Preise und der flotte Service sprechen für sich. Zentrale Lage auf der Einkaufsmeile der Stadt. €

Sehr beliebt sind die Außenplätze von Herrn Dang auf der Brandenburger Straße

Lewy ➡ E7
Dortustr. 17
Trams und Busse: Dortustr.
℡ (03 31) 200 88 02
www.lewy-potsdam.de
Tägl. 11–23 Uhr
Liebenswertes Wein-Bistro unter historischem Dach. Vom französischen Frühstück bis zur Lammkeule über Gemüse-Couscous und Südtiroler Schinkenspeck wird hier viel Schmackhaftes und Kreatives geboten. €

L'Osteria ➡ F8
Otto-Braun-Platz 1
Tram 91, 92, 96, 98, 99: Alter Markt/Landtag
℡ (03 31) 60 12 98 00
http://losteria.de
Mo–Sa 11–24, So 12–24 Uhr
Relativ neues italienisches Restaurant mit sehr ansprechender Einrichtung und offener Küche, die vor allem mit Riesenpizzas lockt. Die tolle Lage beim Museum Barberini mit dem Außenbereich direkt am Wasser lockt zahlreiche Gäste an. €

Matschkes Galeriecafé ➡ C8
Alleestr. 10
Tram 92, 96: Reiterweg/Alleestr.
℡ (03 31) 280 03 59
www.matschkes-galeriecafe.de
Di–Do 15–22, Fr–So 12–22 Uhr
Neben saisonalen deutschen Gerichten stehen auf der Speisekarte des kleinen Café-Restaurants zwischen dem Neuen Garten und der Kolonie Alexandrowka auch ein paar russische Spezialitäten wie Pelmeni oder Borschtsch. Selbst gemachten Kuchen gibt es täglich, hin und wieder finden Lesungen statt. €

Mea Culpa ➡ D7
Dortustr. 1
Tram 96: Brandenburger Str.
℡ (03 31) 201 17 80
www.meaculpa-potsdam.de
Tägl. 12–1 Uhr
Eines der wenigen spanischen Restaurants in Potsdam. Die zwanglose Atmosphäre mit rustikalen Holztischen erinnert eher an eine Kneipe. Neben einer guten Auswahl kalter und warmer Tapas gibt es ebensolche spanische Weine. Speisen auch zum Mitnehmen. €

Meierei ➡ A9
Im Neuen Garten 10
Bus 603: Höhenstr.

Peter Pane: leckere Burger in vielen Variationen

✆ (03 31) 704 32 11
www.meierei-potsdam.de
April–Okt. Di–Fr 11–21, Sa/So/Fei 11–22, Nov.–März Di–Sa 12–22, So/Fei 12–20 Uhr
In der ehemaligen Meierei trank schon Friedrich Wilhelm II. seine Milch. Heute werden hier 14 verschiedene Biersorten gebraut. Dazu offeriert das beliebte Ausflugslokal mit großem Biergarten am Wasser Herzhaftes wie Wiener Schnitzel, Preußische Kartoffelsuppe oder Brandenburger Beerengrütze. €

Peter Pane ➡ F8
Otto-Braun-Platz 1
Tram 91, 92, 96, 98, 99: Alter Markt/Landtag
✆ (0331) 58 17 79 80
www.peterpane.de
Tägl. 11–24 Uhr
Direkt neben Stadtschloss und Museum Barberini gelegen bilden sich vor diesem beliebten Burger-Restaurant regelmäßig Warteschlangen. Und das zu Recht. Die Zubereitung der unzähligen Burger-Varianten und Salate ist frisch und die Portionen sind großzügig. Das moderne, aber gemütliche Ambiente wirkt einladend, besonders der exklusive Außenbereich bietet bei gutem Wetter einen tollen Blick auf das geschäftige Treiben an der Langen Brücke. €

Restaurant Otto Hiemke ➡ F13
Karl-Gruhl-Str. 55
Bus 694: Spindelstr.
✆ (03 31) 17 48 05 96
http://restaurant-ottohiemke.de
Tägl. 12–23.30 Uhr
Das Traditionslokal, die gute Stube von Babelsberg, liegt ganz in der Nähe des Babelsberger Parks. In einem denkmalgeschützten Weberhaus untergebracht, hat es vor allem deutsche Gerichte auf der kleinen Karte. Vor dem Restaurant lädt ein ruhiger Außenbereich zum Verweilen ein. €

Restaurantschiff John Barnett ➡ D10
Schiffbauergasse am Kai
Tram 93, 94, 99: Schiffbauergasse
✆ (03 31) 201 20 99
www.john-barnett.de
Mo–Sa 12–24, So 10–24 Uhr
Der alte Kahn erinnert an den Pionier der Dampfschifffahrt John Barnett Humphreys, der in Preußen allerdings nicht viel Erfolg mit seinem Unternehmen hatte. Zu herzhaften Gerichten wie maritimem Labskaus gibt es z. T. auch ein Unterhaltungsprogramm in Form von Seemansliedern, Blues- oder Rockkonzerten. €

Russische Teestube ➡ C8
Russische Kolonie 1
Tram 92, 96: Puschkinallee oder Busse: Reiterweg/Jägerallee
✆ (03 31) 200 64 78
www.alexandrowka-haus1.de
Tägl. außer Mo ab 11.30, Sa bis 21, So bis 20, sonst je nach Jahreszeit 18–22 Uhr
In der zum Welterbe der UNESCO gehörenden original russischen Teestube taucht man in eine andere Welt ein. Inmitten von Kerzen, Samowars und allerlei Folklore werden Spezialitäten wie Borschtsch, Soljanka und Blini mit russischem Kaviar serviert. €

Cafés

Backstoltz ➡ E7
Dortustr. 59
Trams und Busse: Dortustr.
✆ (03 31) 201 29 29, Mo 11–18,
Di–Fr 9–20, Sa 10–20 Uhr
Sympathisches, unprätentiöses
Lokal mitten im Stadtzentrum.
Tolle Kuchen- und Tortenauswahl,
kleine Speisen wie Suppen und
Quiches zu bezahlbaren Preisen.

Buena Vida Coffee Club ➡ E8
Am Bassin 7
Tram 92, 96: Brandenburger Str.
✆ (03 31) 87 09 33 93, www.buena
vidacoffeeclub.jimdo.com
Mo–Fr 9–19, Sa 9–18, So 11–18 Uhr
Ausgezeichnetes Café am Bassinplatz, das sich ganz der Barrista-
Kunst verschrieben hat. In speziellen Kursen kann man sogar
lernen, den Milchschaum kreativ
zu gestalten. Dass hier die Kaf-
feegetränke Topniveau haben, ist
selbstverständlich, doch auch das
Gebäck und der Kuchen können
sich sehen lassen.

Café Eden ➡ E4
Lennéstr. 32/im Park Sanssouci
Tram 92: Auf dem Kiewitt, Bus
695: Orangerie
✆ (015 73) 455 85 54
www.eden-potsdam.de
Di–So 12–20 Uhr
Das kleine Freiluft-Café beim
Eingang Kuhtor unweit der
Römischen Bäder inmitten der
Parkanlagen von Sanssouci ist ein
geeigneter Ort für eine kleine
Ruhepause von einem Parkspa-
ziergang. Hier gibt es Kaffee und
Kuchen oder Eis, Limonade sowie
eine Grillstation mit Biowurst und
Grillkäse. Originell ist der Verleih
von Picknickdecken.

Café Guam –
Das Käsekuchencafé ➡ D8
Mittelstr. 38
Tram 92, 96: Nauener Tor
✆ (03 31) 270 01 64
www.cafe-guam.de
Tägl. 11–ca. 18 Uhr
Bis zu 30 verschiedene Sorten köst-
licher Käsetorten (z.B. Rhabarber,
Kirsch, Nougat und Marzipan)
vom Konditor, aber auch leckerer
Eiskaffee und heiße Schokolade.

Café Heider ➡ D8
Friedrich-Ebert-Str. 29
Tram 92, 96: Nauener Tor
✆ (03 31) 270 55 96
www.cafeheider.de
Mo–Fr ab 8, Sa ab 9, So ab 10 Uhr
Ein klassisches Kaffeehaus am
zentralen Nauener Tor. Seit 1878
wird hier die Konditoreitradition
mit erlesenen Kuchen, Torten, Pralinen und Eis gepflegt. In dem eleganten Ambiente tischt man auch
Speisen wie den Heider-Salat oder
Wiener Schnitzel auf.

Café Kieselstein ➡ D7
Hegelallee 23
Bus 695: Mauerstr.
✆ (03 31) 601 23 77
http://cafe-kieselstein.de
Tägl. 10–17 Uhr
In der Nähe des Schlosses Sanssouci bekommt man nicht nur lecke-
ren Bio-Kaffee und -Kuchen, son-

Potsdamer Kaffeehaustradition:
Café Heider am Nauener Tor

La Maison du Chocolat im Holländischen Viertel

dern auch sehr gute vegetarische und vegane Gerichte, wie auch gluten- und laktosefreie Speisen. Der gemütliche Gastgarten lädt zum längeren Verweilen ein.

Kaffeerösterei Junick ➡ E7
Lindenstr. 57
Tram 91, 94, 98: Dortustr.
✆ (0331) 201 17 89
www.kaffeeroesterei-junick.de
Mo–Sa 9–19, So 10–19 Uhr
Wer eher einen milden, schonend gerösteten Kaffee bevorzugt, ist bei der Kaffeerösterei Junick richtig. In der vermutlich einzigen Rösterei der Stadt gibt es den veredelten Rohkaffee besonders frisch. Dazu stehen hausgemachte Torten sowie ein sehr gutes Frühstücksangebot zur Auswahl.

Kleines Schloss ➡ D12
Park Babelsberg 9; Tram 94, 99: Humboldtring/Nuthestr.
✆ (03 31) 70 51 56
www.kleinesschloss.de
April–Okt. tägl. außer Mo 10.30–19, Nov.–März Di und Do–So 10.30 Uhr bis zur Dunkelheit, Jan./Feb. nur Sa/So 10.30 Uhr bis zur Dunkelheit
Das von Ludwig Persius erbaute Schlösschen am Tiefen See ist ein wunderschöner Ort, um beim Spaziergang durch den Park Babelsberg die Seele baumeln zu lassen – bei Kaffee- und Teespezialitäten, dazu ein Stück der berühmten Schmandtorte, Quiches oder Suppen.

La Maison du Chocolat ➡ D8
Benkertstr. 20
Tram 92, 96: Nauener Tor oder Busse: Hebbelstr.
✆ (03 31) 237 07 30, www.schoko ladenhaus-potsdam.de
Tägl. ab 10 Uhr
Ein Klassiker im Holländischen Viertel mit schöner Terrasse, der weitaus mehr als Schokolade zu bieten hat. Neben 30–40 Kuchensorten stehen auch Salate und Spezialitäten der französischen Landhausküche auf der Karte.

Lindencafé ➡ F12
Rudolf-Breitscheid-Str. 47/48
S1: Babelsberg
✆ (03 31) 74 00 08 84
www.lindencafe-potsdam.de
Tägl. 9–22 Uhr
Charmantes, traditionsreiches Café in Babelsberg, am S-Bahnhof. Hier trifft sich ein bunt gemischtes Völkchen zu Frühstück, Flammkuchen, Kaffee, Kuchen und Eisspezialitäten.

Pandoras Café ➡ C9
In der Orangerie, Im Neuen Garten 7; Bus 603: Birken-/Alleestr.
✆ (0177) 684 29 66
Juli–Mitte Sept. tägl. 11–18 Uhr
Sobald die Palmen und Zitrusbäume ihr warmes Winterquartier in der Orangerie verlassen, öffnet das Café mit Espressobar, Soft- und Longdrinks, Kuchen und kleinen Gerichten. Ein idealer Ort für eine Verschnaufpause inmitten des Neuen Gartens.

Rosenberg ➡ E7
Dortustr. 15
✆ (0151) 16 95 06 00
www.rosenberg-potsdam.de
Di–So 10–18 Uhr
Das einzige rein vegane Café in Potsdam hat Katharina Rosenberg-Ehrl 2017 eröffnet. Zahlreiche selbstgemachte Köstlichkeiten, etwa Aufstriche und Kuchen, für den kleinen Hunger. Zentral gelegen.

Zweitwohnsitz → F5
Geschwister-Scholl-Str. 89
Bus 580, 605, 631: Charlottenhof Bahnhof
℃ (03 31) 62 56 56 16
www.zweitwohnsitz-potsdam.de
Di–Sa 9–19, So 14–22 Uhr
Das Café liegt inmitten des beliebten Wohngebiets Potsdam-West. Man fühlt sich hier gleich wie zu Hause: gemütliche Sofas und Sessel sowie Bücher, die man lesen, aber auch erwerben kann. Das Frühstück stellt man sich selbst zusammen. Jeden Sonntagabend treffen sich Gäste zum gemeinsamen »Tatort«-Schauen.

Biergarten

Bürgershof → C13
Waldmüllerstr. 4
Bus 603: Schloss Babelsberg
℃ (03 31) 237 88 89
www.buergershof.de
Mo–Fr 12–20, Sa/So/Fei 11–20 Uhr (im Winter geschl.)
Vor allem bei Ausflüglern beliebter großer Biergarten in Klein Glienicke, direkt am Ufer der Havel gelegen. Fantastisch ist der tolle Blick auf Schloss Babelsberg und das Dampfmaschinenhaus. Man sitzt entweder am Tisch, auf weißen Plastikstühlen oder im Gras. Die bisher eher bayerische Speiseauswahl soll zur Saison 2018 zugunsten regionaler Produkte geändert werden.

Eisdielen

Die Eisfrau → F12
Rudolf-Breitscheid-Str. 42
Tram 94, 99: S Babelsberg/Wattstr.
www.facebook.com/dieeisfrau
℃ (03 31) 23 54 72 76
Tägl. 12–19 Uhr, im Winter geschl.
Als die Eisfrau Andrea Lisboa 2015 ihre Eisdiele in Babelsberg eröffnete, wurde sie innerhalb von nur wenigen Wochen Kult. Einfallsreiche Sorten aus eigener Produktion sind ebenso im Programm wie die ewigen Klassiker. Seit Juli 2017 gibt es eine weitere Filiale in der Geschwister-Scholl-Str. 2 in Potsdam-West.

Eismanufaktur Potsdam → E7
Brandenburger Str. 67
Tram 91: Dortustr.
℃ (03 31) 702 04 98
www.facebook.com/eismanufakturpotsdam
So–Fr 12–19.30, Sa 11–19.30 Uhr
Der Name sagt es: Eis aus eigener Produktion. Diese Eisdiele punktet vor allem durch ihre tolle zentrale Lage direkt am Brandenburger Tor in der Fußgängerzone.

Vanille & Marille → D8
Benkertstr. 17
Tram 92, 96: Nauener Tor
℃ (030) 78 95 47 31
www.vanille-marille.de
Tägl. 12–19 Uhr, im Winter geschl.
Leckeres, selbstgemachtes Eis aus Berlin im Holländischen Viertel. ▨

Das Kleine Schloss liegt am Ufer des Tiefen Sees im Park Babelsberg

Nightlife

Die Zeiten, in denen Nachtschwärmer nach Berlin fahren mussten, um auf ihre Kosten zu kommen, sind leider noch nicht vorbei. Wie es sich für eine Studentenstadt gehört, hat aber auch Potsdam ein kleines, lebendiges Clubleben aufzuweisen. Daneben gibt es allerlei Lokale, die ein breites Publikum ansprechen. Ob es ein gepflegter Drink sein soll oder man klassisch das Tanzbein schwingen möchte – für Auswahl ist vor allem in der Innenstadt gesorgt.

Bars und Kneipen

Bar Fritz'n ➡ E7
Dortustr. 6
Trams und Busse: Dortustr.
✆ (0173) 247 93 53
www.barfritzn.de
Tägl. ab 18 Uhr
Massives Eichenholz und bequeme Barstühle bestimmen das Ambiente der eleganten Cocktailbar im Herzen Potsdams. Ob es Kreationen mit Gin, Whisky, Wodka, Tequila oder Rum sein sollen – die Auswahl ist riesig, die Qualität hervorragend. Eine der besten Cocktailadressen der Stadt.

Bar Gelb ➡ E7/8
Charlottenstr. 29
Trams und Busse: Dortustr.

✆ (03 31) 88 71 55 75
www.bargelb.com
Tägl. ab 19 Uhr
Stylishe Cocktailbar und Tanzwirtschaft mit Innenhofterrasse, wo sich nicht nur alles um die Farbe Gelb, sondern auch farbige kreative Cocktails dreht. Craft-Bier aus der Region. Mehrmals im Monat Pub-Quiz zu spezillen Themen.

BAR-O-meter ➡ E7
Gutenbergstr. 103
Trams und Busse: Dortustr. oder Luisenplatz
✆ (03 31) 270 28 80
Mo–Do 20–3, Fr/Sa ab 21 Uhr
Klein, aber fein ist diese Bar, die zu den besten Potsdams gehört. Das Angebot an guten Cocktails ist kaum zu übertreffen.

Cocktailbar im Herzen der Stadt: Bar Fritz'n

Cuhibar ➡ E7
Luisenplatz 7
Tram 91, 94: Louisenplatz-Süd/
Park Sanssouci
✆ (03 31) 58 11 91 81
So–Do 16–1, Fr/Sa 16–3 Uhr
Die sympathische Bar am Luisenplatz versprüht kubanisches Flair.
Leckere Cocktails, Latino-Biere
und Tapas sind immer im Programm. In der Raucherlounge
können die Gäste echte kubani-
sche Zigarren genießen.

Hafthorn ➡ D8
Friedrich-Ebert-Str. 90
Tram 92, 96: Nauener Tor
✆ (03 31) 280 08 20
www.hafthorn.de
Tägl. ab 18 Uhr
Gemütliche, zentrale Hinterhof-
kneipe mit kleinem Biergarten.
Burger und Fingerfood stillen
den Hunger.

Hohle Birne ➡ D8
Mittelstr. 19
Tram 92, 96: Nauener Tor
✆ (03 31) 280 07 15
www.hohle-birne.de
Mo–Fr ab 17, Sa/So ab 12 Uhr
Das Bier- und Weinetablissement
bietet vor allem eine große Auswahl an europäischen Bieren in
urigem Ambiente, natürlich auch
Potsdamer Biersorten, wie das
Stangenbier. Dazu gibt es deftige Speisen für den kleinen und
großen Hunger. Mit gemütlichem
Biergarten.

Kellermann ➡ F12
Rudolf-Breitscheid-Str. 32
Tram 94, 99: Rathaus Babelsberg
✆ (03 31) 23 16 04 55
Mo–Mi 6.30–18, Do 6.30–23, Fr
6.30–24, Sa 9–24 Uhr
Fr/Sa lädt die gemütliche Café-Bar
abends regelmäßig zu kleinen
Konzerten, Lesungen und Par-
tys. Doch auch ohne Programm
kann man hier wunderbar den
Abend mit einem Cocktail auf den
Schwebeliegen ausklingen lassen.

*Die Schwebeliegen im Kellermann
versprechen Entspannung*

Konsum ➡ F13
Rudolf-Breitscheid-Str. 50
Tram 94, 99: S Babelsberg/Wattstr.
✆ (03 31) 743 70 80
www.daskonsum.de
Tägl. 17–1 Uhr
Eine Babelsberger Institution
und räumlich mit dem Thalia-
Programmkino verbunden. Nicht
nur vor oder nach einem Kinofilm
einen Besuch wert: Bier vom Fass,
Cocktails und Flammkuchen für
den kleinen Hunger, in gemütlichem Ambiente. Im Sommer hal-
ten sich die meisten Gäste lieber
im Außenbereich auf.

La Leander ➡ D8
Benkertstr. 1
Tram 92, 96: Nauener Tor
✆ (0331) 583 84 08, Mo–Fr 13–1,
Sa 11–1, So 10–24 Uhr
Gemütliche Kneipe im Holländischen Viertel sowie Treffpunkt
und »Wohnzimmer« der schwul-
lesbischen Szene Potsdams, in der
sich auch Heteros wohlfühlen.

Olga ➡ E7/8
Charlottenstr. 28
Tram 91, 94: Brandenburger Str.
✆ (03 31) 581 36 77

Die unscheinBar hält eine große Auswahl an Cocktails bereit

http://charlotte28.blogsport.de
Tägl. 19–24 Uhr
Die links-alternative Olga befindet sich im ehemals besetzten Haus Charlotte28Potsdam, das verschiedene Projekte in sich vereint. Junge Leute betreiben das Lokal ehrenamtlich, entsprechend sind die Preise klein und das Publikum studentisch. Außerdem Veranstaltungen wie Filmvorführungen, kleinere Konzerte oder Tausch-Nachmittage.

Rückholz ➡ F5
Sellostr. 28
Tram 91, 94: Auf dem Kiewitt
✆ (03 31) 887 18 64
Mo–Sa 18–4 Uhr
Die Bar im Wohngebiet Potsdam-West punktet mit einer großen Cocktailauswahl, gemütlicher Lounge-Atmosphäre und einem schönen Außenbereich. Jeden Donnerstag findet das Kneipenquiz statt. Regelmäßig Konzerte.

unscheinBar ➡ F8
Friedrich-Ebert-Str. 118
Trams und Busse: Platz der Einheit

✆ (03 31) 270 06 42
Mo–Fr 18–2, Sa/So 16–2 Uhr
Von außen tatsächlich eher unscheinbar, empfängt einen die kleine Bar innen mit einer lockeren Wohnzimmeratmosphäre. Zu den Getränken gibt es dezente Musik und kostenloses Knabbergebäck. Wer will, kann sich die Zeit auch mit Brettspielen vertreiben.

pub a la pub ➡ F8
Breite Str. 1
Tram 91, 92, 93, 96: Alter Markt/Landtag
✆ (03 31) 24 07 26
https://pubalapub.de
Tägl. 20–1 Uhr
Die Studentenkneipe in Potsdam schlechthin. Dementsprechend günstig sind die Getränkepreise, und deshalb ist es hier häufig sehr voll. Partys, Quizabende oder Konzerte erfreuen sich ebenso großer Beliebtheit.

Van Gogh Lounge ➡ D8
Kurfürstenstr. 1
Tram 92, 96: Nauener Tor oder Busse: Hebbelstr.
✆ (03 31) 200 45 68
Di–Sa ab 20 Uhr
Über 100 Longdrinks und Cocktails hat die kleine Bar im Holländischen Viertel auf Lager. Von Ledersesseln blickt man auf van Goghs Werke.

Waschbar ➡ F5
Geschwister-Scholl-Str. 82
Trams 91, 94, 98: Bhf. Charlottenhof
✆ (03 31) 967 87 16
www.waschbar-pdm.de
Tägl. ab 10 Uhr
Ausgefallene Kneipe mit Waschsalon unweit des südwestlichen Eingangs zum Park Sanssouci, in der auch Konzerte und Ausstellungen stattfinden. Vom Frühstück über Burger bis Cocktails ist man hier von morgens bis abends gut versorgt.

Weißer Schwan ➡ E7
Dortustr. 13
Tram 92, 96: Brandenburger Str.
oder Trams und Busse: Dortustr.
✆ (03 31) 601 27 90
Tägl. 12–22 Uhr
www.schwan-potsdam.de
Schicke Café-Bar in der Innenstadt, die neben großer Cocktailauswahl auch allerlei Speisen
anbietet. Im Sommer kann man
den Abend auch draußen auf
der kleinen Terrasse ausklingen
lassen.

Clubs

Club Laguna ➡ D8
Friedrich-Ebert-Str. 34
Tram 92, 96: Nauener Tor
✆ (03 31) 20 05 65 00
www.clublaguna-potsdam.de
Mo–Do 19–2, Fr/Sa 20–4 Uhr
Wer sich austoben will – im Club
Laguna hat er bei Saturday Night
Grooves, 70er- bis 90er-Jahre-
Partys Gelegenheit dazu.

Gutenberg 100 ➡ D8
Kurfürstenstr. 52
Tram 92, 96: Nauener Tor oder

Busse: Hebbelstraße
✆ (03 31) 210 19 99
www.gutenberg100.de
Do–So ab 20 Uhr
Rock, Pop, Blues, Kultkaraoke
– im Live-Club wird nach einer
kuriosen Mischung gefeiert und
getanzt. Neben dem Konzertprogramm und den Cocktails trägt
auch einen Kickertisch zur guten
Laune bei.

Sonstiges

Spielbank Potsdam ➡ F8
Schlossstr. 14
Trams und Busse: Alter Markt/
Landtag
✆ (03 31) 290 93 00
www.bbsb.de
Automatenspiele tägl. 11–3, klassisches Spiel 17.30–3 Uhr
Hier werden nicht nur die Nerven
bei allen möglichen Spielen gekit-
zelt – auch das denkmalgeschütz-
te Gebäude, 1750 von Georg
Wenzelslaus von Knobelsdorff
erbaut, ist sehenswert.

Waschhaus ➡ D10
Vgl. S. 90 f. ■

Die Waschbar in Potsdam-West ist immer gut besucht

Kultur und Unterhaltung
Tickets, Theater, Konzert, Kabarett, Kino

Dass sich das Kulturleben von Potsdam in den letzten Jahren wesentlich weiterwickelt hat, ist vor allem am Hans-Otto-Theater abzulesen. Der spektakuläre Neubau am Ufer des Tiefen Sees ist sozusagen die Visitenkarte der **Schiffbauergasse**, eines geschichtsträchtigen Areals, das mit einer geballten Ladung an Tanz, Theater, Musik und Kabarett als neues Kultur-Quartier der Stadt erschlossen wurde. Hier ist auch die Avantgarde zu Hause und bildet einen interessanten Kontrast zu traditionellen, aber ebenso sehenswerten Veranstaltungsorten wie dem Nikolaisaal oder dem liebenswerten Schlosstheater im Neuen Palais.

Tickets

MAZ-Media Store ➡ D8
Friedrich-Ebert-Str. 85/86
Tram 92, 96: Nauener Tor
✆ (03 31) 280 46 94

Ticket-Galerie im Nikolaisaal
➡ E8
Wilhelm-Stab-Str. 10/11
Trams und Busse: Platz der Einheit
✆ (03 31) 288 88 28

Ticket-Service
In den Tourist Informationen
Vgl. S. 82.

Theater, Konzert, Kabarett

Buchhandlung Viktoriagarten
Vgl. S. 97.

fabrik Potsdam ➡ D10
Schiffbauergasse 10
Tram 93, 94, 99: Schiffbauergasse
✆ (03 31) 24 09 23
www.fabrikpotsdam.de
Das Internationale Zentrum für Tanz und Bewegungsforschung hat sich auf Tanztheater spezialisiert, hat aber auch Schauspiele und Konzerte auf seinem Programm. Außerdem finden hier

Am schönsten von der Wasserseite aus: das Hans-Otto-Theater des Kölner Architekten Gottfried Böhm

im Frühsommer die Postdamer Tanztage statt.

Hans-Otto-Theater ➡ D10

Schiffbauergasse 11
Tram 93, 94, 99: Schiffbauergasse
☎ (03 31) 981 18
www.hansottotheater.de
Mo–Fr 10–18, Sa 10–14 und eine Stunde vor Vorstellungsbeginn
Spektakulärer Bau des Kölner Architekten Gottfried Böhm mit einem aus roten Scheiben bestehenden Dach – und auch mit dem Boot erreichbar. Innen erwartet das Publikum ein klassisches Mehrspartentheater mit Schwerpunkt Schauspiel, darunter auch die eine oder andere Uraufführung.

Kabarett Obelisk Potsdam ➡ E8

Charlottenstr. 31
Trams und Busse: Platz der Einheit
☎ (03 31) 29 10 69
www.kabarett-potsdam.de
Traditionsreiches Kabarett-Ensemble, das sich schon zu DDR-Zeiten mit gekonnter Satire hervortat und heute mit Titeln wie »Besser Wahlschlappen als gar keine Badelatschen« Furore macht. Markenzeichen des Kabaretts ist seine Musikalität – nachhörbar auch auf den Live-CDs »Ossis völlig durchgedreht«. Ab 18 Uhr ist die Kaba-

Klassisches Konzert im Nikolaisaal

rettkneipe geöffnet, im Sommer lockt der Hofgarten.

Nikolaisaal ➡ E8

Wilhelm-Staab-Str. 10/11
Trams und Busse: Platz der Einheit
☎ (03 31) 288 88 28
www.nikolaisaal.de, Mo–Fr 11–18 Uhr, Sa 11–14 Uhr und eine Stunde vor Veranstaltungen
Schon allein die Architekturperle im historischen Barockgebäude, in den der französische Architekt Rudy Ricciotti einen modernen Neubau integriert hat, lohnt den Besuch. Das Veranstaltungsprogramm schafft den Spagat zwischen Konzerten aller möglichen Musikstile von der Operette bis zum Hip-Hop und bietet auch Raum für Kleinkunst.

Stadt für eine Nacht

Seit 2010 gibt es das Potsdamer Event »Stadt für eine Nacht« nun schon und es erfreut sich mittlerweile ungeheurer Beliebtheit. Das Besondere: 24 Stunden lang wird auf dem Gelände der Schiffbauergasse, also rund um das Hans-Otto-Theater, die Stadt Potsdam gefeiert. Einmal im Jahr, Mitte Juli von Samstag 14 bis Sonntag 14 Uhr wird genau 24 Stunden lang aus Zelten, Buden und Bühnen eine Art temporäre Stadt zum Leben erweckt. Besiedelt wird sie von Straßenschauspielern, Forschern, Künstlern, Handwerkern, Vereinen oder Bürgerinitiativen, die die Besucher zum Entdecken, Experimentieren, Hören, Sehen und Erleben einladen. Rund um dieses Zentrum bieten die angrenzenden Kulturhäuser der Schiffbauergasse tatsächlich 24 Stunden lang ein facettenreiches Programm. Während sich der Nachmittag vor allem für Kinder eignet, findet in der Nacht Party statt – wie könnte es anders sein. Der Eintritt ist frei. Weitere Infos: www.schiffbauergasse.de.

Rechenzentrum ➡ F7
Dortustr. 46, Tram 91: Dortustr.,
Bus 606: Naturkundemuseum
✆ (0179) 189 56 84
http://rz-potsdam.de
Seit 2015 wird das ehemalige
Potsdamer Rechenzentrum, ein
DDR-Bau aus dem Jahr 1971, von
Künstlern als Ort für Begegnung,
Produktion und Kollaboration genutzt. Der Vertrag mit der Stadt
beinhaltet derzeit allerdings eine
Befristung bis zum Jahr 2023, Zu-
kunft ungewiss. Über 250 Kunst-
und Kreativschaffende entwickeln
hier auf etwa 5000 m² ihre Ideen
und Projekte. Der Café- und Aus-
stellungsbereich im Erdgeschoss
wird für Vernissagen, Lesungen,
Musik- und Filmabende, Vorträge
und Diskussionen genutzt.

**Schlosstheater im
Neuen Palais** ➡ D/E3
Vgl. S. 54
Das Rokokotheater aus der Zeit
Friedrichs des Großen ist ein be-
zaubernder Ort für Konzerte und
die Aufführungen der Potsdamer
Winteroper. Momentan wird es
restauriert, Fertigstellung voraus-
sichtlich im Laufe des Jahres 2018.

*Fritz Eisels Mosaik »Der Mensch
bezwingt den Kosmos« (Ausschnitt)
am Rechenzentrum*

Scholle 34 ➡ F4
Geschwister-Scholl-Str. 34
Tram 91: Charlottenhof Bhf.
http://blog.scholle34.de
Die ehemalige Großgaststätte
Charlottenhof wurde 2013 nach
vielen Jahren des Leerstands als
Nachbarschaftshaus wiederbe-
lebt. Seitdem wird gewerkelt und
initiiert, das bauliche Entwickeln
geht Hand in Hand mit dem Entwickeln kultureller bzw. nachbar-
schaftlicher Projekte wie gemein-
sames Gärtnern. Im Sommer zeigt
man besondere Filme im kleinen
Open-Air-Kino.

Theaterschiff ➡ D10
Schiffbauergasse 9 B
Tram 93, 94, 99: Schiffbauergasse
✆ (03 31) 280 01 00
www.theaterschiff-potsdam.de
Mi–Sa ab 18 Uhr
Am Hans-Otto-Theater liegt der
alte Lastkahn vor Anker, der regelmäßig zur schwimmenden
Bühne wird. Jazz- und Blueskon-
zerte, Kabarett, Lesungen und die
gemütliche Schiffskneipe, die
vom Geeisten Kirschtomaten-
süppchen bis zum Kalbsfilet vieles
auffährt, sorgen rundum für gute
Unterhaltung.

T-Werk ➡ D10
Schiffbauergasse 4
Tram 93: Schiffbauergasse
✆ (03 31) 71 91 39, www.t-werk.de
Mo–Fr 10–16 Uhr und eine Stunde
vor Veranstaltungen
Eine Spielstätte in der Schiffbauergasse mit vielseitigem Programm:
Musiktheater, Schauspiel, Mas-
ken- und Figurentheater, Konzerte, Lesungen und Workshops
finden hier statt. Außerdem
ist das T-Werk Schauplatz des
Theaterfestivals UNIDRAM und
der Potsdamer Märchennacht.

Waschhaus ➡ D10
Schiffbauergasse 6
Tram 93: Schiffbauergasse
✆ (03 31) 271 56 26

Das Waschhaus Potsdam: eine der wichtigsten Adressen für Konzerte und Partys im Land Brandenburg

www.waschhaus.de
Die frühere Garnisonswäscherei hat sich seit der Wende vom besetzten Haus zu einem wichtigen Kulturzentrum und genreübergreifenden Veranstaltungsort für Pop, Rock, Jazz und Tanz, Lesungen und Partys entwickelt.

Kino

Thalia Kinos ➜ F12
Rudolf-Breitscheid-Str. 50
S1: Babelsberg oder Trams 94, 99: Babelsberg/Wattstr.

℡ (03 31) 743 70 30, www.thalia-arthouse.kino-potsdam.de
Ausgezeichnetes Filmkunst- und Familienkino in Babelsberg – und das schon seit 100 Jahren! Breites Programm, zahlreiche Filmreihen.

UCI-Kinowelt ➜ G9
Babelsberger Str. 10
Trams und Busse: Lange Brücke, Potsdam Hbf.
℡ (03 31) 233 72 33, www.uci-kinowelt.kino-potsdam.de
Kinocenter (acht Säle) direkt im Bahnhof Potsdam mit vielfältigem Angebot an aktuellen Filmen. ■

Fête de la Musique

Die Fête de la Musique (Fest der Musik) geht angeblich auf eine Initiative von Jack Lang, dem ehemaligen französischen Kulturminister, zurück, in deren Folge am 21. Juni 1982 in Paris die erste Fête de la Musique eröffnet wurde. Mittlerweile beteiligen sich ungefähr 540 Städte weltweit, 300 Städte europaweit und mehr als 50 Städte deutschlandweit an diesem Fest. Potsdam ist seit 2004 dabei, seitdem breitet sich alljährlich am 21. Juni abends und nachts in weiten Teilen Potsdams ein Klangteppich aus, der kaum jemanden schlafen lässt. Ein Grund mehr, länger wach zu bleiben und den gut 100 Bands auf den rund 40 Bühnen zuzuhören, ihnen zuzujubeln oder zu ihrer Musik zu tanzen. Das dies für die Zuhörer kostenlos ist, versteht sich von selbst. Die Stilrichtungen der Musiker unterscheiden sich dabei gravierend, und hoffentlich wird jeder für seinen Geschmack etwas Passendes finden, sei es nun Punkrock, Soul, Jazz oder Elektronik. Mehr Infos, z. B. über das jeweilige aktuelle Programm, findet man auf www.fete-potsdam.de.

Shopping
Märkte, Spezialitäten, Mode, Wohnaccessoires, Souvenirs und Bücher

Die Haupteinkaufsmeile Potsdams ist die Fußgängerzone **Brandenburger Straße**, wo die üblichen Ketten vertreten sind und auch Karstadt in einem historischen Stadtpalais mit der Hausnummer 52 untergekommen ist. Besonders schön shoppen lässt es sich in den umliegenden Quer- und Parallelstraßen, etwa in der **Linden- und der Gutenbergstraße**. Auch das ❺ **Holländische Viertel** ist nur so gespickt mit kleinen Läden, die Mode, Schmuck, Kunsthandwerk und Souvenirs präsentieren. Immer mehr Geschäfte siedeln sich auch rund um den Alten Markt an. Die **Passagen des Hauptbahnhofs** haben sich mittlerweile zu einem bedeutenden Einkaufszentrum entwickelt. Wetterunabhängiges Shoppen verspricht das **Stern-Center** an der Nuthe-Schnellstraße, rund 85 Fachgeschäfte bekannter Marken finden hier ihren Platz.

Märkte

Markt Am Nauener Tor ➟ D8
Tram 92, 96: Nauener Tor
Mi und Sa 10–16 Uhr
Unter dem Motto »Kunst und Kulinarisches« werden Spezialitäten wie Käse aus der Hofkäserei, Spargel und Biogemüse aus dem Umland oder Leinöl aus der Ölmühle in Werder angeboten. Mittwochs ist der Markt kleiner.

Potsdamer Wochenmarkt ➟ E8
Bassinplatz
Tram 92, 96: Brandenburger Str. oder Nauener Tor
April–Okt. Mo–Fr 7–16, Sa 7–13, sonst Mo–Fr 7–16, Sa 7–12 Uhr
Obst, Gemüse, Hausrat, Kleidung und anderes für den täglichen Bedarf.

Schokoladenträume werden wahr in der Confiserie Felicitas

Spezialitäten

Braumanufaktur Potsdam ➟ aB2
Im Forsthaus Templin
Templiner Str. 102
Bus 607: Forsthaus Templin
✆ (03 31) 21 79 79
www.braumanufaktur.de
April–Mitte Okt. und Dez. tägl. 11–22, Mitte Okt.–Nov. und Jan.–März Mo/Di nur bis 16 Uhr
Bio-Hell, Potsdamer Stange, Mai-, Ernte- oder Weihnachtsbock – die Biere von Brandenburgs einziger Biobrauerei schmecken allen.

Das Forsthaus ist auch ein tolles **Ausflugslokal** (€), das mit deftigen Speisen sowie Kaffee und Kuchen aufwartet. Mit Spielplatz für die Kids.

Confiserie Felicitas ➟ E8
Gutenbergstr. 26, Tram 92, 96: Brandenburger Str.
✆ (03 31) 201 24 70
www.confiserie-felicitas.de
Tägl. außer So 10–18 Uhr
Inzwischen sind die belgischen Chocolatiers aus der Niederlausitz auch in Potsdam mit ihren Köstlichkeiten vertreten. Feinste Pralinen, Schokoladen- und im Sommer Eisspezialitäten, auch in Bioqualität entstehen hier vor den staunenden Augen der Kunden.

Ölmühle an der Havel: Verkauf von mühlenfrischen Ölen, Kräutern, Pestos und schönen Dingen für die Küche

Espressonisten → E8
Gutenbergstr. 27
Tram 92, 96: Brandenburger Str. oder Nauener Tor
℡ (03 31) 231 64 09
www.espressionisten.de
Mo–Fr 10–14 und 15–18, Sa 10–16 Uhr
Kaffeezubereitung als Kunstform zelebrieren die Espressionisten. Sie versammeln alles, was das Barista-Herz begehrt: Espresso-Maschinen, eine Riesenauswahl an exotischen Kaffeesorten, Leckereien wie Cantucci oder Dulce de Leche aus Argentinien. Hin und wieder auch Workshops.

Kaffeerösterei Junick → E7
Vgl. S. 82.

Ölmühle an der Havel → D8
Friedrich-Ebert-Str. 28
Tram 92, 96: Nauener Tor
℡ (03 31) 64 74 40 77
www.oelgenuss.de
20. März–Sept. Mo–Sa 10–18, So 12–17, sonst Mo–Sa 10–18 Uhr
Frische, schonend kalt gepresste Öle von regionalen Ölmühlen aus eigener Herstellung: Aprikosenkernöl, Hanföl, Leinöl, Leindotteröl, Senföl, Sonnenblumenöl, Mohnöl, Chiliöl, Mohn-Vanille-Öl oder Lemongrasöl. Außerdem im Sortiment: ausgewählte Kräuter und Pestos.

Q-Regio → E8
Gutenbergstr. 83
Tram 92, 96: Brandenburger Str. oder Nauener Tor
℡ (03 31) 64 75 10 91
www.q-regio.de
Mo–Fr 9–19, Sa 8–15 Uhr
Eine der mehreren Filialen im Land, die Regionales aus Berlin und Brandenburg verkaufen. Darunter delikate Frucht-Chutneys, Käsespezialitäten von Kuh, Schaf, Ziege oder Büffel, Öle und Liköre.

SchokoKunst → D8
Hebbelstr. 46
Tram 92, 96: Nauener Tor
℡ (0176) 83 63 66 20

Kaffeezubereitung als Kunstform: Espressonisten

Bunt gemustert, mit Schluppen oder ganz schlicht – bei FRAU PAUL findet jede ihre Traumbluse

schokokunst-potsdam.business.site, Di–Fr 13–18 Uhr
Hochwertige Schokoladen unterschiedlicher europäischer Hersteller. Außerdem verschiedene Kaffee- und Teespezialitäten.

Whisky-Manufaktur ➡ E8
Gutenbergstr. 98
Tram 96: Brandenburger Str.
✆ (03 31) 280 05 63
www.whisky-manufaktur.de
Di–Fr 11–18.30, Sa 10–16 Uhr
Es ist sehr unwahrscheinlich, dass man nach dem Besuch des Verkaufsraums der Whiskey-Manufaktur glaubt, woanders besseren Whiskey zu bekommen. Über 600 Sorten, hauptsächlich Scotch Single Malts, werden hier angeboten.

Mode, Schuhe, Kosmetik, Schmuck

Badezimmer Potsdam ➡ E7
Gutenbergstr. 18
Tram 92: Brandenburger Str.
✆ (03 31) 88 71 41 40
http://badezimmer-potsdam.de
Mo–Fr 10–18, Sa 10–14 Uhr
Wer sich in der Welt der Schönheit und Kosmetik zu Hause und vor allem wohlfühlt, sollte unbedingt mal ins Badezimmer gehen – in das kleine Geschäft, wo es na-

türliche Beautyprodukte aus der ganzen Welt gibt, von denen man vielleicht vorher noch nie etwas gehört hat.

Chèvrefeuille ➡ E8
Gutenbergstr. 29
Trams und Busse: Dortustr.
✆ (03 31) 20 05 81 93
www.chevrefeuille.de
Mo–Sa 11–19 Uhr
Liebevoll und stilsicher ausgestattete Boutique von Doreen Waesch mit individueller Mode und Accessoires.

Deine Neuen Schuhe ➡ E7
Dortustr. 14
Trams und Busse: Dortustr.
✆ (03 31) 201 64 16
www.facebook.com/deineneuenschuhe, Mo–Sa 11–19 Uhr
Kleiner Schuhladen mit feiner Auswahl, die sich ständig ändert. Vor allem aber sind trendige und doch bequeme Schuhe im Angebot. Mittlerweile gibt es auch Kleidung. Die Spanne reicht von altbewährten Marken wie Fly London, Vagabond & Blutsgeschwister bis hin zu neuen, unbekannteren Labels.

Der Goldschmiedemeister ➡ E7
Lindenstr. 11
Trams und Busse: Dortustr.
✆ (03 31) 24 34 10 04
www.dergoldschmiedemeister.de
Di–Fr 11–18, Sa 11–16 Uhr
Goldschmied Andreas Martin repariert und restauriert Schmuck natürlich nicht nur, er fertigt auf Kundenwunsch Unikate an und beitet eine umfangreiche Kollektion zum Kauf an. Etwa den von ihm gestalteten Potsdam-Ring. Häufig ist er schon um 9 Uhr in seiner Werkstatt anzutreffen.

FRAU PAUL Blusen ➡ E7
Gutenbergstr. 18
Tram 92, 96: Brandenburger Str.
✆ (03 31) 37 97 48 36
www.blusen.shop

Mo–Fr 10–18, Sa 10–14 Uhr
Blusen, Blusen, nichts als Blusen:
Das 2017 eröffnete Geschäft
konzentriert sich ganz auf das
wieder voll im Trend liegende
Damenbekleidungsstück. Dass
das alles andere als eintönig ist,
zeigt die unendliche Vielfalt an
Farben, Mustern, Schnitten und
hochwertigen Materialen.

Kaufrausch ➡ E7
Lindenstr. 16
Trams und Busse: Dortustr.
✆ (0163) 546 88 02
www.kaufrausch-potsdam.de
Mo–Fr 10–20, Sa 13–19 Uhr
Trendige, originelle Outfits für
Sie und Ihn, auch Accessoires wie
Taschen oder Schmuck. Alles mit
viel Liebe zum Detail und Stilsi-
cherheit ausgewählt. Wer eine
kompetente und indiviuelle Be-
ratung sucht, ist hier richtig.

Liebstesstück ➡ E8
Friedrich-Ebert-Str. 40
Tram 92, 96: Nauener Tor
✆ (03 42 04) 45 80 00
www.liebstesstueck.com
Mo–Sa 10–19 Uhr
Seit Neuestem entwirft und produziert Star-Frisör Udo Walz auch
Mode unter dem Label Liebstesstück. Der Shop am Nauener Tor
ist seine erste Modeboutique.

Maliné ➡ D8
Jägerstr. 36, Tram 92, 96: Brandenburger Str. oder Nauener Tor
✆ (03 31) 243 75 07
www.huete-potsdam.de
Di–Fr 10–19, Sa 10–18 Uhr
In einer Seitenstraße im Zentrum
versteckt sich dieses Hutatelier,
das eine wahre Fundgrube für
alle ist, die ihren Kopf mit hand-
gefertigten Hüten oder Kappen
schmücken möchten.

Schuhbaar ➡ E7/8
Brandenburger Str. 24
Tram 92, 96: Brandenburger Str.
✆ (03 31) 29 12 29

www.schuhbaar.de
Mo–Sa 9–20 Uhr
Das bekommt man nicht überall:
Rosa Stiefeletten, Damen-Balle-
rinas mit Leopardenmuster oder
Pumps von Hispanitas gehören
zum Repertoire dieses Damen-
schuhladens im 1950er-Jahre-
Ambiente.

Suum Cuique ➡ E8
Friedrich-Ebert-Str. 15
Tram 92, 96: Brandenburger Str.
✆ (03 31) 817 05 21
www.suum-cuique-potsdam.de
Mo–Fr 10.30–19, Sa 10–19 Uhr
Angelina Capuozzo führt in ihrer
Boutique nicht nur eine hervor-
ragende Auswahl internationaler
Mode, sondern auch Schuhe, Ac-
cessoires und Schmuck.

Tante Paula ➡ D8
Benkertstr. 1
Tram 92: Brandenburger Str.
✆ (03 31) 64 74 74 54
www.bei-tante-paula.de
Mi–Fr 11–18, Sa 11–16 Uhr
Bei Tante Paula im Holländischen
Viertel gibt es Kleidung sowie
Mode- und Wohnaccessoires. Ne-
ben Produkten aus der eigenen
Manufaktur werden auch Artikel
anderer Labels angeboten.

*Der Name ist Programm: Kauf-
rausch in der Lindenstraße*

Stöberparadies für Antiquitäten-Fans: Wassermann Potsdam

Wunderkind Archiv ➡ D8
Friedrich-Ebert-Str. 37
Tram 92, 96: Nauener Tor
✆ (03 31) 87 09 76 47
www.wunderkind.com
Mo–Sa 11–18 Uhr
Showroom des Potsdamer Mode-
designers Wolfgang Joop. Modelle
aus der jeweils aktuellen und Ein-
zelstücke früherer Kollektionen.

**Wohnaccessoires und
Souvenirs**

Königliche Porzellanmanufaktur
➡ E7
Brandenburger Str. 3
Trams und Busse: Luisenplatz
✆ (03 31) 237 06 33
www.kpm-berlin.de
Tägl. außer So 9–20 Uhr
Feinste Teller, Tassen, Dosen, Vasen
und Figuren aus dem berühmten
weißen Gold der Königlichen Porzellanmanufaktur zu Berlin. Wie
wäre es mit einem Medaillon, einem Briefbeschwerer oder einem
Schmuckteller mit Friedrich II.?

Königsblau Keramik ➡ D8
Mittelstr. 7
Tram 92, 96: Nauener Tor
✆ (03 31) 280 52 89
www.koenigsblau-schmerwitz.de
Tägl. 10–18 Uhr
Die handgetöpferte blaue Kera-

mik aus dem Fläming passt nicht
nur gut ins Holländische Viertel.
Sie findet auch viel Anklang bei
Besuchern, die sich die Becher,
Teller, Tassen und Töpfe gern mit
nach Hause nehmen.

Kunsttruhe ➡ D8
Benkertstr. 6
Tram 92, 96: Nauener Tor
✆ (03 31) 280 32 09
www.kunsttruhe-potsdam.de
Tägl. außer So 11–18 Uhr
Schönes und Kreatives aus aller
Welt: In dem kleinen Laden kann
man nach Herzenslust nach italienischen Bademänteln, schwe-
dischen Bärchen, preußischen
Erinnerungsstücken und holländischen Möbeln stöbern.

Stauraum ➡ E8
Charlottenstr. 94
Trams und Busse: Platz der Einheit
✆ (03 31) 237 06 45
www.stauraum-potsdam.de
Mo 11–15, Di–Do 11–18, Fr 11–19,
Sa 11–16 Uhr
Lkw-Plane, Fahrradschlauch,
Turnmatte oder Kaffeesack: Aus
allem lässt sich mit einiger Erfin-
dungsgabe noch etwas machen.
Ob Notebook-, Handy- oder
Fahrradtasche – in dem kleinen
Laden findet sich jede Menge Ori-
ginelles aus Recycling-Material.

Trouvé – Ideen und Objekte
➡ E8
Jägerstr. 30 (2. Hinterhof)
Tram 92, 96: Brandenburger Str.
✆ (03 31) 97 93 19 42
www.trouve.de
Mi–Fr 11–18, Sa 11–16 Uhr
Große Auswahl an wunderschö-
nen Vintage-Möbeln und nordi-
schen Holzmöbeln: Gartentische,
Regale, Hocker, aber auch Indus-
trieleuchten und Accessoires.

Wassermann Potsdam ➡ E8
Jägerstr. 32
Tram 92, 96: Brandenburger Str.
✆ (03 31) 280 43 05

http://wassermann-potsdam.de
Mo–Sa 11–19 Uhr
An der Ecke von Jäger- und Gutenbergstraße lädt das gut sortierte Antiquitätengeschäft zum Stöbern ein.

Bücher

Buchhandlung Viktoriagarten ➡ F5
Geschwister-Scholl-Str. 10
Tram 91: Charlottenhof Bhf.
℡ (03 31) 96 78 64 50
www.buchhandlung-viktoriagarten.de, Mo–Fr 9–19, Sa 10–14 Uhr
Die Café-Buchhandlung ist wegen des großen Kinderbuchbereichs vor allem für Familien mit Kindern interessant. Im angeschlossenen Café wird mit Tagessuppen oder Florida-Eis für das kulinarische Wohl gesorgt. Regelmäßig werden Lesungen oder Konzerte veranstaltet.

Buchladen Sputnik ➡ E7/8
Charlottenstr. 28
Tram 91: Dortustr.
℡ (03 31) 581 36 79
https://buchladen-sputnik.de
Mo–Fr 13–19, Sa 11–16 Uhr
Links-alternativer Buchladen, in dem es natürlich eine Auswahl der wichtigsten Werke zu allen politischen Fragen gibt, die links eingestellte Menschen eben beschäftigen. Darüber hinaus aber auch spannende Lesungen, Buchvorstellungen oder Diskussionsrunden zu aktuellen Bucherscheinungen oder politischen Fragen.

Internationales Buch ➡ D8
Brandenburger Str. 41/42
Tram 92, 96: Brandenburger Str.
℡ (03 31) 29 14 96 und 29 15 58
int-buch.buchhandlung.de
Mo–Fr 9.30–19.30, Sa 9.30–18 Uhr
Schwerpunkte der Reise- und Regionalbuchhandlung sind u. a. Sprachlehrbücher sowie Literatur über Potsdam und die Region.

P&B Press & Books ➡ F9
Friedrich-Engels-Str. 72, im Hbf.
Trams und Busse: Potsdam Hbf.
℡ (03 31) 233 78 41
www.bahnhofspassagen-potsdam.de/shops/pb
Mo–Sa 4.30–22.30, So 6–22.30 Uhr
Sehr gut sortierte Bahnhofsbuchhandlung mit großer Auswahl.

Stiftungsbuchhandlung ➡ D8
Gutenbergstr. 71/72
Tram 96: Brandenburger Str.
℡ (03 31) 29 34 00
www.stiftungsbuchhandlung.de
Mo–Fr 9–19, Sa 10–14 Uhr
Die Stiftungsbuchhandlung im Holländischen Viertel bietet eine breite Auswahl aus so gut wie allen Themengebieten. Sei es nun Sachbuch oder Literatur, anspruchsvoll oder massentauglich.

Wist – Der Literaturladen ➡ E7
Dortustr. 17, Eingang Brandenburger Str.
Tram 91: Dortustr.
℡ (03 31) 280 04 52
www.wist-derliteraturladen.de
Mo–Fr 10–19, Sa 10–18 Uhr
Der Schwerpunkt des Buchladens liegt auf Prosa und Lyrik, insbesondere auf zeitgenössischer Literatur. Jeden Montag um 19 Uhr lädt die Buchhandlung zu Autorenlesungen ein, dem sogenannten Blauen Salon. ∎

Mitten im Zentrum: die Buchhandlung Das Internationale Buch

Mit Kindern in der Stadt

Für Spaß ist gesorgt: Je nach Alter kann bei gutem Wetter eine **Fahrradtour** durch Potsdam und in die Umgebung, eine **Dampferfahrt** auf der Havel oder der Besuch eines **Strand- oder Flussbades** (vgl. S. 103) auf dem Programm stehen. Außerdem macht das **Hans-Otto-Theater** (vgl. S. 89) in seiner benachbarten Spielstätte, der Reithalle, Kinder- und Jugendtheater. Mit dem »Theaterkoffer« des Hauses werden die kleinen Zuschauer zudem spielerisch an die eine oder andere Inszenierung herangeführt. Höhepunkte sind sicherlich der Besuch des Tropenhauses **Biosphäre** im Volkspark und des **Filmparks Babelsberg**.

Wissenschaft zum Anfassen bietet das Mitmachmuseum **Extavium**, im **Museum Barberini** werden Kinder an die Welt der Kunst herangeführt (vgl. S. 47). Einen Eindruck von der Tierwelt Brandenburgs erhalten sie im **Naturkundemuseum**. Über aktuelle Veranstaltungen informiert das Portal: www.potskids-online.de.

Museen und Attraktionen

AbenteuerPark Potsdam ➡ H9
Albert-Einstein-Str. 49
Tram 92, 96, 98, 99: Friedhöfe
✆ (03 31) 626 47 83
www.abenteuerpark.de
April–Anfang Nov. tägl. 10 bis mind. 16, im Sommer bis 19 Uhr, im Winter auf Anfrage, Eintritt € 21/18 (13–18 J.), 15 (unter 12 J.)
Unweit vom Hauptbahnhof stellt ein großer Kletterwald die Geschicklichkeit seiner Besucher auf die Probe. Bei zwölf Parcours in

Unterwegs im AbenteuerPark Potsdam

bis zu 12 m Höhe mit 170 Kletterelementen dürfte es an Herausforderungen nicht fehlen.

Biosphäre Potsdam ➡ A7
Georg-Hermann-Allee 99
Tram 96: Volkspark
✆ (03 31) 55 07 40
www.biosphaere-potsdam.de
Mo–Fr 9–18, Sa/So 10–19 Uhr, letzter Einlass 1,5 Std. vorher
Eintritt € 11,50/7,80 (5–13 J.), € 4,50 (3–4 J.)
Die 5500 m² große Naturerlebniswelt mit 20 000 tropischen Pflanzen und exotischen Tieren entführt am Volkspark in die Welt der Tropen. Neben dem Schmetterlingshaus mit wunderschönen Faltern gehört auch ein Wasserfall zu den Attraktionen. Außerdem geht hier stündlich ein Gewitter nieder. Sonderausstellungen und Führungen ergänzen das Angebot.

blu ➡ G8/9
Brauhausberg 1
Trams und Busse: Potsdam Hbf.
✆ (03 31) 661 98 51
www.blu-potsdam.de
Familienbad tägl. 10–22 Uhr
Eintritt Familienbad € 12/7
Das Sport- und Freizeitbad am Hauptbahnhof wurde nach jahrelanger Planung 2017 eröffnet. Ein Erlebnisbecken, eine Wellen-

Spektakuläre Stuntshow im Vulkan des Filmpark Babelsberg

rutsche und eine 114 m lange Riesenrutsche sorgen für viel Spaß. Das Sportbecken verfügt über zehn Bahnen, der Wellnessbereich über mehrere Saunen.

Dino Dschungel ➡ F6
Auf dem Kiewitt 3
Tram 91: Auf dem Kiewitt
℅ (03 31) 243 46 16
www.dinodschungel.de
Mo–Fr 13.30–19, Sa/So 9.30–19 Uhr, Eintritt € 7/3
Der größte Indoor-Spielplatz Potsdams mit Kletterpfad, Rutschen, Hüpfburg und Bällebad ist an Wochenenden meistens überfüllt.

Extavium ➡ G16
Am Kanal 57
Tram 93, 94, 99: Burgstr./Klinikum
℅ (03 31) 721 22 22
www.extavium.de Di/Mi 9–14, Do/Fr 9–17, Sa/So/Fei 10–17 Uhr
Eintritt € 6/5, Familienkarte € 17
»Bitte alles anfassen«, lautet das Motto in diesem Mitmachmuseum im Stadtteil Babelsberg mit über hundert interaktiven Ausstellungsstücken. So lassen sich spielerisch Alltagsphänomene untersuchen und erforschen. Auch auf die Frage, was passiert, wenn man

Schokoküsse unter eine Gasglocke stellt, bekommen Kinder und Jugendliche zwischen einem und 17 Jahren eine Antwort.

❾ Filmpark Babelsberg ➡ H16
Großbeerenstr. 200
Bus 601, 690: Filmpark
℅ (03 31) 721 23 45
www.filmpark-babelsberg.de
Mitte April–Okt. tägl. 10–18 Uhr
Eintritt € 22/15 (4–16 J.), Familien € 65
Auf dem Gelände der Medienstadt Babelsberg bietet der Themenpark mit 20 Attraktionen und vier verschiedenen Shows eine gelungene Mischung aus Entertainment, Action, authentischer Film- und Fernsehwelt. Neben allerlei Kulissen, darunter Original GZSZ-Außensets – locken eine spektakuläre Stuntshow im Vulkan und die Making-of-Show zum Kinofilm »Die drei Musketiere«. Für Nervenkitzel sorgen außerdem das 4-D-Actionkino sowie das XD-Erlebniskino im Dome of Babelsberg. Wer genug Insider-Wissen inhaliert hat, kann sich im mittelalterlich dekorierten **Erlebnisrestaurant »Prinz Eisenherz«** stärken.

Die Riesenrutschen sind ein Highlight im Volkspark

Katjes Werksverkauf und Gläserne Bonbonfabrik
➡ südl. H16
Wetzlarer Str. 96–106
Bus 601, 690: Katjes
✆ (03 31) 70 42 40
www.katjes.de
Mo–Fr 10–18, Sa 10–16 Uhr, Sa keine Produktion, Eintritt frei
In Babelsberg schlägt das Herz der Fruchtgummi-Fans höher. Im Shop gibt's das gesamte Katjes-Sortiment: Katjes, Sallos, Granini, Ahoj Brause etc. zu Werkspreisen. Durch die großen Scheiben im ersten Stock kann man die Produktion »überwachen«.

Naturkundemuseum ➡ F7
Vgl. S. 50.

Planetarium der Urania ➡ D8
Gutenbergstr. 71/72
Tram 96, Bus 695: Brandenburger Straße bzw. Hebbelstraße
✆ (03 31) 270 27 24
www.urania-planetarium.de
Eintritt € 5,50/4, für Schulen € 2
Öffnungszeiten sind je nach Veranstaltungen zu erfragen
In einem Innenhof des Holländischen Viertels versteckt sich das Planetarium. Neben Vorführungen zur Astronomie, Raumfahrt und den Geowissenschaften werden auch besinnliche Stunden mit Musik, Poesie oder Märchen angeboten.

Volkspark Potsdam ➡ A/B6/7
Georg-Hermann-Allee 101
Tram 96, Bus 639: Volkspark bzw. Am Pfingstberg
✆ (03 31) 620 67 77
www.volkspark-potsdam.de
Tägl. 5–23 Uhr, Eintritt € 1,50/0,50
Der im Rahmen der Bundesgartenschau 2001 entstandene 73 ha große Volkspark bietet allerhand Möglichkeiten, sich auszutoben: Kletterspielplatz, Wasserspielplatz, Kletterwände, Trampoline, Riesenrutschen, Skateanlage, Fußball- und Basketballfelder ... Gärten, Café, Imbisswagen, Grillecke sorgen für Erholung. Zahlreiche Veranstaltungen im Jahr ziehen Besucher in Scharen an.

Wildpark ➡ E–H1/2
Vgl. S. 102.

Theater & Kreatives

Knutsenwinkel ➡ D8
Kurfürstenstr. 9
Tram 92, 96: Nauener Tor
✆ (0331) 235 35 68
http://knutselwinkel.de
Wechselnde Öffnungszeiten
In diesem Keramikstudio im Holländischen Viertel können Gäste, egal ob groß oder klein, Keramik bemalen. Neben den täglichen Öffnungszeiten finden hier auch Workshops und Kindergeburtstage statt.

Kulturhaus Babelsberg ➡ F12
Karl-Liebknecht-Str. 135
✆ (03 31) 704 92 62
S 7: Babelsberg, Tram 94, 99: Rathaus Babelsberg
www.kulturhausbabelsberg.de
Das Kulturhaus befindet sich im ehemaligen Rathaus Babelsberg und bietet verschiedenste Veranstaltungen, Projekte, Kurse und Workshops an. Regelmäßig finden hier Puppenaufführunge statt.

Puppenbühne Burattino ➡ G14
Rosenstr. 35

Bus 601, 619, 690: Eichenweg
℡ (03 31) 74 25 50
www.werkstatt-burattino.de
Der gelernte Puppenspieler Udo Weber, der mit seinem Koffertheater schon die ganze Welt bereist hat gibt regelmäßig Vorstellungen in seinem Minitheater in Babelsberg. Mo–Fr 14.30–18 Uhr hat er zudem Sprechzeiten als Puppendoktor.

Shopping

Kinderkram ➡ E7
Dortustr. 15
Trams und Busse: Dortustr.
℡ (03 31) 270 87 88
www.kinderkram-potsdam.de
Mo–Fr 10–19, Sa 10–16 Uhr
Hochwertiges Spielzeug und Bekleidung für die Kleinen: Vom Stofftier bis zum Brettspiel, vom Schmöker bis zur Slackline findet sich hier alles zum Spielen, Basteln, Toben – drinnen wie draußen. Kostüme für die nächste Faschingsparty sowie alltagstaugliche Secondhand-Kleidung sind ebenfalls im Angebot.

Spielplätze

In der Nähe des Bahnhofs erstreckt sich auf der **Freundschaftsinsel** eine weitläufige Spielplatzanlage mit Klettergerüsten, die an Schiffe erinnern sollen.

Ähnlich sieht es auf dem **Wasserspielplatz im Volkspark** aus: Neben einem kleineren Spielplatz mit Spielgeräten in Schiffsform breitet sich ein großes Wasserbecken mit Stegen und kleinen Holzflößen aus. Auf der anderen Seite des Volksparks können Kleine wie Große auf gleich mehreren **Riesenrutschen** ihren Mut erproben.

Den Umgang mit Werkzeugen und Materialien erlernen Kinder auf dem **Abenteuerspielplatz Blauer Daumen** in Babelsberg (www.abenteuerspielplatz-potsdam.de).

In der Umgebung

Spargel- und Erlebnishof Klaistow ➡ südl. aC1
Glindower Str. 28
14547 Beelitz GT Klaistow
Bus 643: Klaistow, Spargelhof
℡ (03 32 06) 610 70
www.spargelhof-klaistow.de
März–Dez. tägl. 9–20 Uhr
Auf dem Erlebnishof Klaistow können sich Kinder stundenlang beschäftigen, sei es auf dem weitläufigen Spielplatzgelände, bei Kaninchen, Ziegen, Wildschweinen oder Rehen, oder mit dem Ernten von Heidelbeeren. Im Kletterpark haben Kinder wie Erwachsene Spaß in Baumwipfelhöhe. Mehrere Restaurans bieten Speisen an und auf dem Hofmarkt können Besucher Spargel, Erdbeeren, Heidelbeeren und Kürbisse aus eigenem Anbau erwerben.

Schäferhof ➡ aC3
Schlüterstr. 8, 14558 Nuthetal OT Bergholz-Rehbrücke
Bus 611: Bergholz
℡ (03 32 00) 558 91
http://schaeferhof.net
Der denkmalgschützte Vierseitenhof ist ein perfektes Beispiel für einen idyllischen Reiterhof. Hinter den restaurierten Backsteingebäuden erstrecken sich die Koppeln noch mehrere Hundert Meter. In den Schulferien werden Reiterferien für Kinder angeboten. Gleich in der Nähe liegt der Ravensberghof (www.ravensberghof-fischer.de). ■

Kürbisfest auf dem Spargelhof

Erholung und Sport
Parks, Fahrradfahren, Baden, Wassersport

Potsdam kann nicht nur mit seiner geballten Ladung an Baudenkmälern punkten, sondern auch mit einem sehr hohen Freizeitwert. In und um die Stadt locken ungewöhnlich viele Seen und Grünanlagen. Bei entsprechender Witterung kann man gleich mehrere Aktivitäten miteinander verbinden – Radfahren, Spazierengehen oder Wandern und zwischendurch ins Wasser springen. Im Übrigen laden die Seen auch zum Rudern, Paddeln oder Dampferfahren ein.

Parks

Freundschaftsinsel ➡ F9
Vgl. S. 63.

Neuer Garten ➡ A–C9/10
Vgl. S. 58 f.

Park Babelsberg ➡ C–E11–13
Vgl. S. 99.

Schlosspark Sanssouci ➡ C–F2–6
Vgl. S. 40 ff.

Volkspark Potsdam ➡ A/B6/7
Vgl. S. 72.

Wildpark ➡ E–H1/2
Am Wildpark 1
Bahn: Park Sanssouci
Der Wildpark ist ein Waldgebiet westlich des Neuen Palais. Er wurde im 19. Jh. als parkartige Anlage nach Plänen von Peter Joseph Lenné gestaltet. Der beste Zugang ist der Eingang beim Forsthaus Sanssouci Tor, in dem heute die Tierklinik Potsdam untergebracht ist.

Mit dem Fahrrad Potsdam und vor allem das Umland kennenlernen

Fahrrad fahren

Die Stadt lässt sich ideal mit dem Fahrrad erkunden und sie ist ein guter Standort für Ausflüge ins Havelland, etwa um den **Schwielowsee** (Fernradweg F1) oder entlang der Havel zur **Pfaueninsel.**

Das entsprechende Zweirad lässt sich unkompliziert an mehreren Stellen ausleihen. Geführte Fahrradtouren werden auch angeboten.

Nextbike
✆ (030) 69 20 50 46
www.nextbike.de
Die Mietfahrräder sind an mehreren Stationen rund um die Uhr verfügbar: registrieren, Fahrradkennzeichen angeben, mit zugeteiltem Code Schloss öffnen und losfahren.

Cityrad Rebhan ➡ F9
Am Hauptbahnhof, südl. Ausgang, Friedrich-Engels-Str. 7
✆ (03 31) 270 62 10
www.cityrad-rebhan.de, März–Nov. 9.30–19, Sa/So/Fei bis 20 Uhr
Markenfahrräder mit Zubehör wie Körben. Außerdem Pannenservice und geführte Touren mit qualifizierten Guides.

Potsdam per Pedales
Hauptbahnhof, S-Bahnsteig ➡ F9
sowie S-Bahnhof Griebnitzsee
➡ F17, ✆ (03 31) 748 00 57
www.potsdam-per-pedales.de
März–Okt. 9.30–19 Uhr

Liegewiese am Matrosenhaus im Park Babelsberg

City- und Trekkingräder mit Zubehör und Kartenmaterial. Auch Stadtführungen per Fahrrad. Am Griebnitzsee ebenfalls Verleih von SUPs, Kajaks und Kanus.

Baden

Nur geduldete, nicht offizielle Badestellen lassen sich rund um den **Heiligen See** ➡ B10 finden, darunter auch eine für Nudisten. Auch im **Park Babelsberg** gibt es einige inoffizielle, geduldete Badestellen, zum Beispiel neben dem Strandbad Babelsberg.

blu ➡ G8/9
Vgl. S. 98 f.

Citybeach Potsdam ➡ G5
Zeppelinstraße
Bus 631: Zeppelinstr./Im Bogen
✆ (03 31) 96 00 10
www.floating-noise.com
Der Bootsverleiher Floating Noise bietet das Komplettpaket für Wassersportfans: surfen, segeln, Wasserski fahren oder den Bootsführerschein machen – und einen Badestrand mit Sonnenstühlen, Chill-Bereichen und Volleyballfeldern am Templiner See.

Strandbad Babelsberg ➡ D11
Park Babelsberg
Tram 94, 99: Humboldtring

✆ (03 31) 661 98 31
Mai–Sept. tägl. 10–19 Uhr, im Hochsommer bis 20 Uhr
Eintritt € 4/2, Familienkarte € 8
In der Nähe von Schloss Babelsberg mit schöner Lage am Tiefen See kann man sich wunderbar erfrischen. Bademeister passen auf, dass nichts passiert, ein Café bietet einfache Snacks an.

Seebad Caputh ➡ aB2
Weg zum Strandbad 1, Caputh
RB23: Caputh-Geltow Bhf.
✆ (03 32 09) 808 51
www.seebad-caputh.de
15. Mai–15. Sept tägl. 10–20 Uhr, sonst tel. erfragen, Eintritt € 4,50/2
Das Naturbad am Schwielowsee setzt mit Bar und Restaurant in südländischer Beachclub-Atmosphäre vor allem auf Erholungsuchende. Ein Spielplatz ist auch vorhanden.

Waldbad Templin ➡ aB2
Templiner Str. 110, Bus 607 oder Weisse Flotte: Forsthaus Templin
✆ (03 31) 661 98 37
Hauptsaison tägl. 9–20 Uhr
Eintritt € 3/1,50
Das von Wald gesäumte Naturbad am Templiner See begeistert Wasserratten mit Wasserrutsche, FKK-Bereich, Verleih von (Motor-) Booten und Surfbrettern, Beachvolleyballplatz, Bar, Biergarten und Minigolfanlage. Man kann in Mietbungalows übernachten.

Im Sommer herrscht reger Bootsverkehr auf den Brandenburger Seen rund um Potsdam

Wassersport und Dampferfahrten

Huckleberry-Tours ➡ D10
Schiffbauergasse 9
Tram 93, 94, 99: Schiffbauergasse
✆ (03 31) 20 67 49 02
www.huckleberrys-tour.de
Für alle, die ein bisschen Abenteuerluft abseits der Zivilisation schnuppern möchten: nostalgisch angehauchte Flöße für bis zu acht Personen, die auch für mehrtägige Fahrten geeignet sind.

Magix Wakeboarding ➡ aB2
Templiner Str. 100
Bus 607: Kieskutenberg oder Forsthaus Templin
✆ (0172) 795 70 73
www.magix-wakeboarding.de
Mo–Fr 15–21, Sa/So 10–21 Uhr
Auf dem Templiner See bietet Magix Wakeboarding Schnellkurse für Anfänger an. Gleiches gilt auch für Wasserski und Wakesurfen. Fortgeschrittene kommen ebenso auf ihre Kosten.

Marina am Tiefen See ➡ E10
Schiffbauergasse 8
Tram 93, 94, 99: Schiffbauergasse
✆ (03 31) 817 06 17
http://marina-am-tiefen-see.de
April–Okt. tägl. 9–19 Uhr
Die gute Lage der Marina am Tiefen See in der Nähe des Hans-Otto-Theaters spricht schon mal für sich. Dort kann werden sowohl führerscheinfreie als auch -pflichtige sowie Kajaks und Stand-Up-Paddlings vermietet.

Potsdam per Pedales
Vgl. S. 103.

✿ Potsdamer Wassertaxi ➡ F8
Lange Brücke 6
Tram 92, 96: Lange Brücke
✆ (03 31) 275 92 10
www.potsdamer-wassertaxi.de
Ende März–Okt.
Das Wassertaxi ist ein Linienverkehr per Schiff, der 13 verschiedene Stationen, z. B. am Park Babelsberg, am Park Glienicke oder am Neuen Garten, anfährt. Auch die Fahrradmitnahme ist möglich.

Preußen-Kanu ➡ H3
Zeppelinstr. 117 B
R1, Bus 631: Charlottenhof bzw. Luftschiffhafen
✆ (03 31) 951 23 86
www.preussen-kanu.de
Hier findet man die richtigen Boote für eine Kanutour, darunter auch Kanadier und Kajaks. Außerdem stehen Drachenboote zum Leihen bereit (vgl. auch S. 87 f.).

Schifffahrt in Potsdam ➡ F8
Lange Brücke 6
Tram 92, 96: Lange Brücke
✆ (03 31) 275 92 10

www.schifffahrt-in-potsdam.de
Insel-, Havelsee- und Schlösser-
rundfahrten hat die Weisse Flotte Potsdam im Programm, außerdem kulinarische und Tages-,
Abends-, Adventsfahrten sowie
Krimidinner. Besonders beliebt
sind die an mehreren Terminen im
Sommer stattfindenden Nächtlichen Schlösserimpressionen, bei
denen die historischen Gebäude
am Wasser festlich beleuchtet
werden und das Ganze von Musik
untermalt wird.

Söhnel Werft ➨ aA3
Neue Kreisstr. 50, Berlin
S 7: Griebnitzsee, Bus 118: Neue
Kreisstr.
℡ (03 31) 80 58 87 47
www.soehnelwerft.com
Tägl. 10–18 Uhr
Die Söhnel Werft am Treptow-
kanal vermietet in erster Linie
größere Flöße für geschlossene
Gesellschaften. Darüber hinaus
werden auch Kanus und Kajaks
an Einzelpersonen verliehen.

SUP TRIP ➨ G4
Kastanienallee 22 C
Tram 91: Kastanienallee/Zeppe-
linstr.
℡ (01573) 238 73 46
www.sup-trip.de, tägl. 10–22 Uhr
Stand-Up-Paddling (SUP) kann
man in Potsdam bei SUP TRIP, wo

man ab zwei Personen sowohl
einen knapp einstündigen Crash-
kurs als auch ganztägige geführte
Touren buchen kann.

Sonstiges

AbenteuerPark Potsdam ➨ H9
Vgl. S. 98.

Turbine Potsdam ➨ E12/13
Karl-Liebknecht-Stadion
Karl-Liebknecht-Str. 90
Bus 694: Spindelstr.
℡ (03 31) 951 38 41
www.turbine-potsdam.de
Frauenfußball hat in Potsdam Tradition. Mehrfache deutsche Meis-
terschaften sowie der Gewinn der
Champions League sprechen eine
deutliche Sprache. Die Heimspie-
le von Turbine Potsdam finden
im Karl-Liebknecht-Stadion in
Babelsberg statt.

MBS-Arena ➨ aB2
Olympischer Weg 2
Tram 91: Luftschiffhafen
℡ (03 31) 50 57 103
www.mbs-arena.de
Die MBS Arena befindet sich auf
dem Gelände des Sportpark Luftschiffhafen und ist mit bis zu 2600
Zuschauerplätzen die größte
Sporthalle Potsdams. Hier findet
vor allem Volleyball und Handball
statt. ■

Einfach sich treiben lassen: zum Beispiel auf einem Floß auf der Havel

Daten zur Stadtgeschichte

Um 700 Nachdem das Gebiet um Potsdam wahrscheinlich schon in der Bronzezeit besiedelt war, errichten slawische Siedler eine Burg gegenüber der Mündung des Nutheflusses.

Sonderbriefmarke zum 300. Jahrestag des Potsdamer Toleranzedikts (1985)

993 Am 3. Juli wird Potsdam zum ersten Mal urkundlich erwähnt – in der Schenkungsurkunde von König Otto III.,

der das damalige »Poztupimi« mitsamt der Burg der Äbtissin des Stifts Quedlinburg vermacht. Der Name der Stadt leitet sich womöglich von den slawischen Wörtern *pod* für bei und *dubimi* für Eiche ab, wobei der heutige sorbische Name *Podstupim* soviel wie Vorposten bedeutet.

1157 Markgraf Albrecht der Bär erobert die Stadt und macht sie zum südöstlichen Eckpfeiler seiner neu gegründeten Mark Brandenburg. Zu deren Schutz wird am Havelübergang eine steinerne Burg gebaut.

Kurfürst Friedrich Wilhelm mit seiner ersten Ehefrau Luise Henriette von Nassau-Oranien (1647, Gemälde von Gerrit van Honthorst, Mauritshuis, The Hague)

1317 Potsdam wird erstmals als Stadt erwähnt. Markgraf Ludwig von Bayern bestätigt den Potsdamer Ratsmännern die damit verbundenen Rechte.

1375 Die Stadt wird auch im Landbuch von Kaiser Karl IV. genannt und die landesherrliche Burg mit Turm zum Schloss ausgebaut. Die Bevölkerung – sie bleibt zunächst auf rund 1000 Einwohner beschränkt – lebt vor allem vom Fischfang, daneben gibt es aber auch Handwerker wie Bäcker, Fleischer, Schuhmacher oder Schneider. Da die Stadt keine große Bedeutung für die aus dem Hause der Wittelsbacher, später der Luxemburger und der Hohenzollern stammenden Markgrafen von Brandenburg hat, wird sie mehrmals verpfändet.

König Friedrich I. (vor 1713, Gemälde von Antoine Pesne)

1536 Ein verheerender Brand verwüstet die Stadt.

1577 Durch den Ausbruch der Pest wird die Bevölkerung stark dezimiert.

1618–48 Während des Dreißigjährigen Kriegs wird Potsdam fast

Potsdamer Stadtschloss um 1773

gänzlich zerstört, Hungersnöte und Seuchen lassen die Zahl der Einwohner weiter sinken.

1653 Der Große Kurfürst Friedrich Wilhelm macht Potsdam zur zweiten Residenzstadt neben Berlin und verschafft der Stadt eine ganz neue Bedeutung. Im Zuge dessen werden das Stadtschloss ausgebaut und die Umgebung verschönert.

1685 Eine enorme Entwicklung der Stadt leitet das Edikt von Potsdam ein – durch das Toleranzedikt können vor allem die in Frankreich verfolgten protestantischen Hugenotten einwandern und der Stadt durch ihre Kenntnisse zu einem ungeahnten Aufschwung verhelfen.

1701 Mit der Krönung des Kurfürsten Friedrich III. zum König in Preußen wird Potsdam auch königliche Residenzstadt.

1713 Unter dem Soldatenkönig Friedrich Wilhelm I. wird Potsdam zur Garnisonsstadt ausgebaut. Dadurch erhöht sich nicht nur die Einwohnerzahl, für die neuen Anwohner muss die Stadt auch durch neue Wohnquartiere erweitert werden. Neben der Garnisonkirche, der Nikolai- und Heilig-Geist-Kirche entsteht das Militärwaisenhaus für die Kinder von Militärangehörigen.

1733/42 Zeitgleich mit der Entstehung der zweiten Neustadt entwirft der niederländische Architekt Jan Bouman im Auftrag des Soldatenkönigs das Holländische Viertel für die ebenfalls zugereiste Bevölkerungsgruppe.

1740 Friedrich II., genannt der Große, wird König und baut Potsdam weiter als Residenzstadt aus. Straßen, Häuser und Plätze werden verschönert und der Alte Markt neu gestaltet.

1745 Georg Wenzelslaus von Knobelsdorff entwirft im Auftrag von Friedrich dem Großen dessen Sommerresidenz Schloss Sanssouci im gleichnamigen Garten, die zwei Jahre später festiggestellt wird.

1763 Mit dem Neuen Palais wird der letzte und zugleich größte Schlossbau Friedrichs des Großen in Angriff genommen, der 1869 fertiggestellt wird.

1806 Napoleon zieht am 24. Oktober mit seinen Truppen in Potsdam ein. Die Stadt leidet unter den Kriegskontributionen, zugleich löst die Besatzungszeit einige Reformen aus. Anschließend entwickelt Friedrich Wilhelm III. die Stadt zu einem Verwaltungssitz mit Regierungsbeamten.

1838 Nachdem 1832 bereits eine optische Telegrafenstation eingerichtet wurde, nimmt mit der Strecke Potsdam–Berlin die erste Eisenbahnlinie Preußens ihren Betrieb auf.

1848 Die bürgerlich-demokratische Revolution des Vormärzes ergreift Potsdam. Als das Volk für eine liberale Verfassung auf die Barrikaden geht, führt der Potsdamer Maximilian Dortu die radikalen Kräfte an. Nachdem König Friedrich Wilhelm IV. aus Berlin in das vermeintlich sicherere Potsdam übersiedelt, lässt er einen Aufstand von meuternden Soldaten durch Elitetruppen niederschlagen.

1850 Nachdem die Nikolaikirche im 18. Jahrhundert ausgebrannt war, wird am 24. März der von Karl Friedrich Schinkel entworfene Neubau eingeweiht.

1871 Der preußische König Wilhelm I. zieht am 17. März als deutscher Kaiser in die Residenzstadt ein.

1877 Auf dem Telegrafenberg wird das Astrophysikalische Observatorium errichtet.

1911 Mit der Filmstadt Babelsberg nimmt auf einem Gelände in Neubabelsberg das erste Großfilmstudio Europas seinen Betrieb auf. Bald werden hier Streifen wie Fritz Langs »Metropolis« oder Josef von Sternbergs »Der blaue Engel« mit Marlene Dietrich gedreht.

1913 Im Neuen Garten erfolgt die Grundsteinlegung für das Schloss Cecilienhof für den letzten deutschen Kronprinzen Wilhelm und dessen Gemahlin Cecilie.

1914 Wilhelm II., der letzte deutsche Kaiser, unterzeichnet am 1. August im Neuen Palais die Kriegserklärung gegen die Entente-Mächte.

1918 Nach dem Ende des Ersten Weltkriegs endet mit der Novemberrevolution die Monarchie. Wilhelm II. flieht in die Niederlande und Potsdam verliert seinen Status als Residenzstadt.

1922 Der Einsteinturm, ein Werk des Architekten Erich Mendelsohn, wird gebaut, um Albert Einsteins Relativitätstheorie zu beweisen.

1933 Am 21. März 1933, dem sogenannten Tag von Potsdam reicht der greise Reichspräsident Paul von Hindenburg dem neuen

Blick vom Brauhausberg über Potsdam mit Garnisonkirche, Stadtschloss und Nikolaikirche (v. l. n. r.), 1871

Die Regierungschefs der Siegermächte entscheiden über die Nachkriegsordnung Deutschlands: Josef Stalin, US-Präsident Harry S. Truman und Premierminister Winston Churchill während der Potsdamer Konferenz im August 1945

Reichskanzler Adolf Hitler in der Garnisonkirche an den Gräbern der preußischen Könige die Hand, was als symbolische Geste für ein Bündnis zwischen alter Ordnung, preußischem Militarismus und Nationalsozialismus gilt.

1945 Am Ende des Zweiten Weltkriegs, am 14. April wird das Stadtzentrum von Potsdam durch einen alliierten Bombenangriff schwer beschädigt. Besonders groß ist die Zerstörung rund um den Alten Markt, wo das Stadtschloss und die Garnisonkirche ausbrennen. Neuer Markt, Holländisches Viertel und andere Teile der Altstadt überstehen die Angriffe indessen weitgehend unbeschädigt. Nachdem die Stadt am 27. April von der Roten Armee eingenommen wird, findet vom 17. Juli bis 2. August im Schloss Cecilienhof die Potsdamer Konferenz statt, wo die Siegermächte, vertreten durch Truman, Churchill und Stalin, über die Nachkriegsordnung Deutschlands entscheiden. Infolge des sogenannten Potsdamer Abkommens wird das von den Siegermächten besetzte Deutschland in vier Zonen aufgeteilt.

1952 Mit der Gründung der DDR wird Potsdam zum Verwaltungssitz des neu gegründeten Bezirks Potsdam.

1990 Nach der deutschen Wiedervereinigung wird das Bundesland Brandenburg gegründet und Potsdam dessen Landeshauptstadt. In demselben Jahr nimmt die UNESCO weite Teile der Stadt von Sanssouci bis zur Kolonie Alexandrowka in die Liste der Welterbestätten auf. Die Restaurierung der Schlösser- und Gartenlandschaft beginnt.

1993 Die Stadt feiert ihr tausendjähriges Bestehen.

1997 An der Stelle der ehemaligen Heilig-Geist-Kirche, einer Barockkirche, die 1726 nach Plänen von Pierre de Gayette errichtet wurde und deren Ruine nach der Zerstörung im Zweiten Weltkrieg 1960 und 1974 abgerissen wurde, wird ein architektonisch anspruchsvoller Neubau eröffnet, in dem seither ein Altenpflegeheim untergebracht ist. An die Konturen des ehemaligen Kirchturms erinnert eine Stahlkonstruktion auf dem Dach des Neubaus.

Der Hafen an der Langen Brücke, gegenüber dem Stadtschloss (Landtag), ist Ausgangspunkt für unterschiedlichste Schiffsfahrten

2001 Potsdam richtet die Bundesgartenschau aus, für die der Volkspark neu gestaltet wird. In der Yorckstraße hinter dem Neuen Markt wird ein Teilstück des in den 1960er Jahren zugeschütteten Stadtkanals wieder freigelegt und seither regelmäßig geflutet.

2006 Eröffnung des Theaterneubaus für das Hans-Otto-Theater. Der Architekt und Pritzker-Preisträger Gottfried Böhm entwarf dafür ein fünfgeschossiges Theatergebäude, deren schalenförmige, auskragende Dächer zum auffälligsten Merkmal des Gebäudes geworden sind. Ein denkmalgeschützter Gasometer wurde in den Baukörper integriert.

2011 Der Selbstmord des Schriftstellers Heinrich von Kleist am Kleinen Wannsee 1811 jährt sich zum 200. Mal. Der Grabstein, der dort an ihn erinnert, wird anlässlich des Jahrestages restauriert und neu gestaltet. Im Rahmen eines europaweit begangenen Kleistjahres huldigen auch zahlreiche Potsdamer Kulturinstitute dem Dichter, der sieben Jahre in Potsdam verbrachte, unter anderem zwischen 1798 und 1799 im damaligen Lyzeum, der heutigen Potsdamer Kleist-Schule.

2014 Der Brandenburger Landtag zieht in das nach friderizianischem Vorbild errichtete Stadtschloss am Alten Markt ein. Da die zum großen Teil sanierte Stadt immer attraktiver wird, steigt – im Gegensatz zu anderen brandenburgischen Städten – die Einwohnerzahl beständig.

2017 Im Januar wird die Eröffnung des Museums Barberini im rekonstruierten Palais Barberini gefeiert, zu der zahlreiche Prominente erscheinen, unter anderem auch Bundeskanzlerin Angela Merkel. Am gleichen Tag wird der Mäzen und SAP-Mitgründer Hasso Plattner zum Ehrenbürger der Stadt Potdam ernannt. Seine Stiftung finanzierte nicht nur den Museumsbau, sondern trägt auch die Kosten für den Ausstellungsbetrieb.

Im Juni eröffnet ein Jahr später als geplant das Sport- und Freizeitbad blu neben dem Hauptbahnhof. ■

Streit um Potsdams Mitte

Es ist eigentlich ein Luxusproblem: Seit Jahren streitet man sich in Potsdam um die Gestaltung der Potsdamer Mitte, womit vor allem das **Areal rund um die Nikolaikirche** gemeint ist. Ein Großteil der Gebäude wurde 1945 bei einem britischen Luftangriff schwer beschädigt und später abgerissen. Im Jahr 1990 beschloss die Stadtverordnetenversammlung, sich baulich dem »charakteristischen, historisch gewachsenen Stadtgrund- und aufriß« wieder anzunähern. Seitdem hat sich Potsdams Zentrum gewaltig verändert und wird sich noch weiter verändern. Während die Fläche rund um den Alten Markt in den 1990er Jahren zum Teil noch einer Brache glich (von einem provisorischen Theaterbau aus Containern abgesehen) begegnet der Potsdam-Besucher heute Nachbauten des Stadtschlosses sowie des Palais Barberini und seiner Nebengebäuden am Havelufer an der Alten Fahrt. Im Jahr 2017 spitzte sich der Streit um den Abriss der maroden Fachhochschule zwischen Schloss und Bibliothek zu. Gegner des Abrisses besetzten das Gebäude und forderten den Erhalt und die Sanierung des Plattenbaus aus DDR-Zeiten. Ende 2017 begann dann der Abriss und gleichzeitig ging der Wettbewerb um das Baurecht für das neue Karee in die nächste Runde. Im März 2018 soll eine Entscheidung fallen.

Ähnliche Diskussionen gibt es seit Jahren um das **Hotel Mercure**. Der ewige Streit um die Mitte erlebt 2016 einen neuen Höhepunkt. Die Pläne für eine »Wiese des Volkes« anstelle des Mercure-Hotels sorgen für einen Sturm der Entrüstung. Plötzlich entdecken sogar Prominente wie »Bild«-Herausgeber Kai Diekmann ihr Herz für das DDR-Hochhaus, Hunderte strömen im September in die für eine Nacht wiedereröffnete Bar in der 17. Etage. Die Initiative »Potsdamer Mitte neu denken« sammelt in einem Bürgerbegehren binnen weniger Wochen mehr als 14 000 Unterschriften gegen den Abriss der Fachhochschule und des Mercure-Hotels. Im Rathaus ist man ebenso entsetzt wie gelähmt, doch schließlich fädelt Oberbürgermeister Jann Jakobs (SPD) gemeinsam mit Linke-Fraktionschef Hans-Jürgen Scharfenberg einen Deal ein, um die drohende Blockade bei der Entwicklung der Mitte zu verhindern: Die Stadt verzichtet auf Kauf und Abriss des Hotels und sichert den Bau von Sozialwohnungen in der Mitte zu. Im Gegenzug trägt die Linke den Abriss von Fachhochschule und Staudenhof mit – ein historischer Kompromiss. Das Bürgerbegehren wird hingegen für unzulässig erklärt.

Riesiges Konflikt-Potential birgt nach wie auch vor der geplante Wiederaufbau der **Garnisonkirche**. Nach Jahren des Streits und der Erfolglosigkeit beim Spendensammeln darf 2016 als Jahr des Durchbruchs gelten. Die Fördergesellschaft gibt ihr Beharren auf einem originalgetreuen Wiederaufbau auch des Kirchenschiffs auf, nur der Turm soll barock werden. Dieser Schritt sichert dem Projekt Kirchenkredite von insgesamt fünf Millionen Euro. Und auch die Spenden fließen jetzt reichlich. TV-Moderator Günther Jauch sponsert die 1,5 Millionen Euro teure Aussichtsplattform, weitere Großmäzene finden sich für die Bibliothek und den Treppenaufgang. Spenderziegel und Treppenstufen mit dem eigenen Namenszug finden auch bei vielen »normalen« Potsdamern reißenden Absatz. Noch fehlt zwar eine Dreiviertelmillion Euro, aber im Oktober 2017 war Baustart für Potsdams einstiges Wahrzeichen.

Weitere Infos und Positionen gibt es auf folgenden Webseiten: www.potsdamermitteneudenken.de, www.potsdamer-mitte.de.

Service von A bis Z

Potsdam in Zahlen und Fakten

Alter: Nachdem Potsdam im Gebiet der 1157 gegründeten Mark Brandenburg lag, wurde es 1317 erstmalig als Burg urkundlich erwähnt. 1345 erhielt es das Stadtrecht.

Fläche: 187,27 km^2

Lage: 32 m über Normalhöhennull

Einwohner: 171 597 (31.12.2016)

Einwohnerdichte: 915 Einwohner/km^2

Klima: In Potsdam herrscht ein gemäßigtes Klima, das von Norden und Westen von atlantischem Klima und vom Osten her von kontinentalem Klima bestimmt wird. Extreme Wetterlagen sind selten, die Temperaturen entsprechen dem bundesdeutschen Durchschnitt, wobei die Niederschlagsmenge relativ gering ausfällt.

Bildung: Potsdam ist ein wichtiger Ausbildungs- und Forschungsstandort. An der Universität Potsdam, der Fachhochschule und der Filmuniversität Babelsberg Konrad Wolf studieren insgesamt um die 25 000 Studenten. Dazu kommen zahlreiche Forschungseinrichtungen und -institute.

Wirtschaft: Von den rund 170 000 Einwohnern waren Ende 2015 81 658 sozialversicherungspflichtig beschäftigt, die überdurchschnittlich hoch qualifiziert sind. Die Arbeitslosenquote lag Ende 2016 bei 6,2 %. Wichtigster Erwerbszweig ist der Dienstleistungssektor. Eine besonders große Rolle spielen Wissenschaft und Forschung, mit mehr als 5300 Wissenschaftlern sind in Potsdam überproportional viele Menschen in diesem Bereich tätig. Neben den Universitäten und Fachhochschulen arbeiten sie im Wissenschaftspark Albert Einstein mit Instituten wie dem Leibniz-Institut für Astrophysik oder dem Potsdam-Institut für Klimaforschung, außerdem im Hasso-Plattner-Institut für Software-Systemtechnik.

Tourismus: Mit ihrem übergroßen Angebot an Schlössern, Parks und Gärten sowie Seen ist Potsdam ein besonders attraktiver Besuchermagnet. Nachdem lange Zeit hauptsächlich Tagesbesucher einen Abstecher von Berlin aus machten, verweilen die Gäste inzwischen länger in der Stadt. Die Stadt verzeichnet ca. 480 000 Ankünfte pro Jahr. Die Übernachtungszahlen liegen bei etwa 1,3 Millionen.

Partnerstädte: Bonn, Bobigny (Frankreich), Jyväskylä (Finnland), Luzern (Schweiz), Opole (Polen), Perugia (Italien), Sioux Falls (USA)

Umrahmt von der Havel – der Park auf der Freundschaftsinsel ist einer der populärsten

Anreise

Mit dem Flugzeug

Bis zur Eröffnung des neuen Internationalen Flughafens Berlin-Brandenburg »Willy Brandt« (BER) bleiben die beiden Flughäfen Berlin-Tegel (TXL) und Berlin-Schönefeld (SXF) die nächstgelegenen Flughäfen.

Die Fahrzeit mit öffentlichen Verkehrsmitteln beträgt ca. 40 Minuten. Von **Berlin-Tegel** fährt man mit den Bussen 109 und X9 (Airport-Express) zum Bahnhof Berlin-Zoologischer Garten und weiter mit dem Regional-Express nach Potsdam. Außerdem verbindet der Airport Express **Schönefeld** mit dem Bahnhof Medienstadt Babelsberg.

Zentrale Flughafenauskunft:

℡ (030) 60 91 11 50
www.berlin-airport.de

Mit der Bahn

Der Hauptbahnhof Potsdam ist Haltepunkt für Intercity- und Regionalzüge sowie der S-Bahnlinie 7 aus Richtung Berlin. Die

Berlin WelcomeCard – Berlin + Potsdam

Mit der WelcomeCard können Besucher die öffentlichen Verkehrsmittel in Potsdam und Berlin nutzen und erhalten Rabatte bei Museen, Stadtrundgängen, Schiffsfahrten, Fahrradtouren und Theatern.

Sie kostet € 22,90 für 48 Stunden und € 30,90 für 72 Stunden. Für vier Tage werden € 35,90 fällig, bei fünf Tagen sind es € 41,50 und für sechs Tage € 46,50. Der Kauf ist bei den Tourist Informationen (vgl. S. 114) sowie in zahlreichen Hotels möglich.

Regionalstrecken fahren alle 30 bzw. 60, die S-Bahnen alle 10 Minuten. Von Potsdam aus sind es mit dem Regionalverkehr bzw. den S-Bahnen 25 bzw. 35 Minuten bis zum Berliner Hauptbahnhof. Weitere S-Bahn-Stationen in Potsdam sind die Bahnhöfe Babelsberg und Griebnitzsee.

Infos unter:
www.bahn.de, www.bvg.de
www.s-bahn-berlin.de

Mit dem Auto
Potsdam befindet sich innerhalb des Berliner Autobahnrings A10, in den die A9 aus München/Nürnberg, die A2 aus Hannover, die A24 aus Hamburg/Rostock, die A11 aus Stettin sowie die A12 aus Frankfurt/Oder münden. Außerdem führt an der Stadt die A115 (Avus) vorbei, die den Berliner Ring mit dem innerstädtischen Schnellstraßensystem von Berlin verbindet.

Mit dem Boot
An der Havel gelegen ist Potsdam aus allen Richtungen auf dem Wasserweg erreichbar. Bei Kilometer 23 befindet sich am

Auftakt zu den Potsdamer Tanztagen: Caroline Laurin-Beaucages Stück »Habiter sa Mémoire« auf dem Alten Markt

rechten Havelufer der Yachthafen Potsdam, wo man vor Anker gehen kann.

Weitere Informationen unter http://potsdamer-brandenburger-havelseen.de

Auskunft

Tourist Informationen
℡ (03 31) 27 55 88 99
www.potsdam-tourismus.de
www.reiseland-brandenburg.de
– Humboldtstr. 1/2 ➡ F8
14467 Potsdam
April–Okt. Mo–Fr 9.30–18, Sa/So 9.30–16, Nov.–März Mo–Fr 10–18, Sa/So/Fei 10–16 Uhr
– im Hauptbahnhof ➡ F9
April–Okt. Mo–Sa 9.30–20, So 10–14, Nov.–März Mo–Fr 9.30–18 Uhr
– Am Luisenplatz
April–Okt. Mo–Sa 9.30–18, So/Fei 10–16 Uhr

Call Center
℡ (03 31) 27 55 88 99
Informationen, Reservierung von Hotels und Tickets für Stadtführungen sowie Veranstaltungen, WelcomeCard und vieles mehr.

Besucherzentren der Stiftung Preußische Schlösser und Gärten Berlin-Brandenburg
– An der Historischen Windmühle An der Orangerie 1 ➡ D5
℡ (03 31) 969 42 00, für Gruppen
℡ (03 31) 969 42 22
www.spsg.de
Di–So April–Okt. 8.30–17.30, Nov.–März 8.30–16.30 Uhr
– Am Neuen Palais ➡ E2
Tägl. außer Di April–Okt. 9–17.30, Nov.–März 10–16 Uhr
Besuchertipps zu Schlössern und Veranstaltungen, Kombitickets, Familien- und Tageskarten für die verschiedenen Schlösser in Potsdam und Umgebung sowie spezielle Angebote für Schulen und Kindergeburtstage und Führungen.

Feste, Veranstaltungen

Januar
Neujahrskonzerte – im Belvedere auf dem Pfingstberg sowie im Nikolaisaal

März
Bachtage Potsdam – Konzerte im Potsdam Museum und in der Nikolaikirche ab März bis Dezember

April
Tulpenfest – im Holländischen Viertel
Osterfesttage Potsdam – umfangreiches Ausstellungs- und Konzertprogramm im Potsdam Museum, in der Nikolaikirche und im Nikolaisaal
Hafenfest zur Flottenparade
Baumblütenfest in Werder – größtes Volksfest Ostdeutschlands
Sehsüchte – Internationales Studentenfilmfestival in den Thalia-Arthouse-Kinos

Mai
Lange Nacht der Freien Theater – mit Aufführungen an verschiedenen Orten
Potsdamer Tanztage – Internationales Festival für Tanz und Performance in der Fabrik Potsdam (www.potsdamer-tanztage.de)

Sommer
Nächtliche Schlösserimpressionen – mehrere Termine (vgl. S. 44)
Barocker Theatersommer Sanssouci – mit Theatervorführungen in der Orangerie und anderen Orten
Sommertheater auf dem Pfingstberg – freie und andere Theatergruppen spielen rund um das Belvedere (www.pfingstberg.de/sommertheater.html)

Juni
Schlösserlauf – Halbmarathon und 10-km-Strecke entlang des Tiefen Sees und des Jungfernsees (www.potsdam-marathon.de)

Akrobatische Kunststücke bei der Potsdamer Erlebnisnacht

Musikfestspiele Potsdam – mit Konzerten in den Schlössern und Gärten Sanssoucis (www.musikfestspiele-potsdam.de)
Böhmisches Weberfest – historisches Fest mit Handwerkermarkt rund um den Weberplatz
Fête de la Musique – mit Livemusik an verschiedenen Orten (www.fetedelamusique.de)

Juli
Stadtwerkefest – am Neuen Lustgarten
Fiesta del Puerto – Karibisches Hafenfest am Hafen, Lange Brücke
Stadt für eine Nacht – 24-Stunden-Fest in der Schiffbauergasse (www.schiffbauergasse.de)
Potsdamer Erlebnisnacht – mit Livemusik, Straßentheater und Tanz wird die Potdamer Innenstadt zur Bühne (www.potsdamer-erlebnisnacht.de)

August
Lange Filmparknacht – im Filmpark Babelsberg mit großem Showprogramm
Potsdamer Feuerwerksinfonie – Großfeuerwerke im Volkspark (www.feuerwerkersinfonie.de)
Potsdamer Schlössernacht – mit Musik, Performance-Darbietun-

»Blauer Lichterglanz«: Weihnachtsmarkt auf der Brandenburger Straße

gen und festlicher Beleuchtung im Park Sanssouci (www.schloessernacht-2010.de)
Lampion-Nacht – Lichterfest mit Sommercamp im Volkspark (www.volkspark-potsdam.de)

September
Potsdamer Töpfermarkt – im Holländischen Viertel
Potsdamer Dreiklang – Jazzfestival, Jazz im Museum, Jazz im Denkmal (www.potsdamer-dreiklang.de)
Tag des Offenen Denkmals
Internationales Drachenfest – im Volkspark (www.volkspark-potsdam.de)

Oktober
Sanssouci im Lichterglanz – mit festlich illuminierten Gebäuden
UNIDRAM – Internationales Theaterfestival im T-Werk in der Schiffbauergasse (www.unidram.de)
Internationaler Museumstag
Apfelfest – im Volkspark, mit Mittelaltermarkt

November
Potsdamer Winteroper – Opernaufführungen im Schlosstheater

bzw. der Friedenskirche (www.kammerakademie-potsdam.de)

Dezember
Blauer Lichterglanz – Weihnachtsmarkt in der Brandenburger Straße und am Luisenplatz
Böhmischer Weihnachtsmarkt – an drei Tagen auf dem Weberplatz
Romantisches Weihnachtsdorf – am Krongut Bornstedt
Sternenmarkt – polnischer Weihnachtsmarkt im Kutschstallhof und im Haus der Brandenburgisch-Preußischen Geschichte
Silvesterkonzerte – im Nikolaisaal und in der Nikolaikirche
Silvesterpartys – mit Tanzmusik am Hafen, Lange Brücke und auf dem Luisenplatz.

Hinweise für Menschen mit Handicap

Viele Potsdamer Hotels, Restaurants und Veranstaltungsangebote sind barrierefrei. Alle Busse sind mit Rampen ausgerüstet, die eine Mitnahme von Rollstühlen ermöglichen. Auch die Straßenbahnen vom Typ Combino und Vario sind behindertengerechte Niederflurbahnen. Die Tram-Haltestellen der ViP (Verkehrsbetriebe Potsdam) sind zu 90 Prozent behindertenfreundlich ausgebaut.

Der Potsdam Tourismus Service bietet **Stadt- und Parkrundgänge** für Gäste mit Mobilitätseinschränkungen sowie für Blinde und Sehbehinderte an.

Er hält darüber hinaus spezielle **Stadtpläne** zum Thema »Potsdam barrierefrei« vorrätig mit Tourenvorschlägen für die Potsdamer Innenstadt, den Park Sanssouci, Babelsberg, den Neuen Garten und den Volkspark Potsdam.

Außerdem gibt das Infoblatt **»Mit dem Rollstuhl unterwegs«** wichtige Hinweise. Und schließlich können Blinde und Sehbehinderte die Audiodateien **»Potsdam-Rundgang für Blinde und Sehbehinderte«** mit Beschreibungen von Sehenswürdigkeiten und speziellen Informationen in Anspruch nehmen. Sie sind per Download oder auch telefonisch vor Ort abrufbar.

Weitere Informationen dazu sind bei den Tourist Informationen, über das Callcenter ✆ (0331) 27 55 88 99 sowie im Internet erhältlich unter:
www.potsdam.de
www.barrierefrei-brandenburg.de.

Internet

www.potsdam.de
Die offizielle Seite der Stadt enthält Informationen zu Kultur, Wirtschaft, Wissenschaft und Bildung, Sport sowie Informationen zu Sehenswürdigkeiten und touristischen Angeboten.
www.potsdamtourismus.de
Die Website des Tourismus Service Potsdam informiert über Sehenswürdigkeiten, Stadtführungen, Veranstaltungen, Hotels, Essen und Trinken und viele andere touristische Angebote.
www.hotels-potsdam.de
Webseite der Hotelbetriebe mit einem Verzeichnis der Unterkünfte einschließlich Pensionen und Ferienwohnungen sowie Buchungsportal.
www.stadtmagazin-events.de
Auf der Webseite des Potsdamer Stadtmagazins erfährt der Leser alles über die aktuellen Konzerte, Theateraufführungen, Ausstellungen, Messen, Partys, Kurse und vieles mehr.

Das Theaterfestival UNIDRAM zeigt Inszenierungen, die sich irgendwo zwischen Schauspiel, Figurentheater, Tanz, Musik, bildender Kunst und Performance bewegen

www.mobil-potsdam.de
Alles rund um den Verkehr in und um Potsdam mit aktuellen Verkehrsmeldungen und Fahrplänen

www.potsdam-blog.de
Das Blog von Potsdamern für Potsdamer enthält auch für andere Interessierte nützliche Informationen und Nachrichten über Persönlichkeiten, Veranstaltungen und das Geschehen in der Stadt.

www.rbb-online.de
Die Website des Rundfunks Berlin-Brandenburg enthält aktuelle Informationen sowie Auskünfte über Rundfunk und Fernsehen in der Region.

www.reiseland-brandenburg.de
Die Website der Tourismus Marketing Brandenburg GmbH informiert über die Region und ihre touristischen Angebote wie Radtouren, Wanderwege, Hotels, Restaurants, Veranstaltungen und besondere Angebote für Familien.

www.schiffahrt-in-potsdam.de
Alle Informationen rund ums Wasser mit Fahrplänen der Weissen Flotte, des Potsdamer Was-

Der neu entstandene Otto-Braun-Platz liegt am Kopf der Langen Brücke

sertaxis und zu Charterfahrten, Hafenfesten usw.

www.spsg.de
Die Webseite der Stiftung Preußische Schlösser und Gärten Berlin-Brandenburg enthält alle wichtige Informationen zu den Potsdamer Schlössern und Gärten sowie zu speziellen Veranstaltungen und Persönlichkeiten der preußischen Geschichte.

Zahlreiche Unterkünfte und einige Cafés bieten inzwischen WLAN an. Seit 2013 gibt es in der Brandenburger Straße (und in den angrenzenden Straßen) ein öffentliches WLAN. 30 Minuten am Tag sind für jeden kostenfrei.

Notfälle, wichtige Rufnummern

Vorwahl für Potsdam ✆ 03 31
Polizei ✆ 110
Feuerwehr/Notarzt ✆ 112
ADAC (Pannenhilfe)
✆ 01802-22 22 22
Ärztlicher Bereitschaftsdienst
✆ 11 61 17
Privatärztlicher Notdienst
✆ 01805-30 45 05
Krankentransport ✆ 192 22
Opfernotruf Weißer Ring
✆ 11 60 06
ViP Verkehrsbetrieb Potsdam
✆ (03 31) 661 40
Deutsche Bahn ✆ 01806-99 05 99
Zentrales Fundbüro
✆ (03 31) 289 15 87

Presse

Neben den Potsdamer Tageszeitungen »Märkische Allgemeine«, »Potsdamer Neueste Nachrichten« und »Potsdam am Sonntag« sind auch Berliner Tageszeitungen erhältlich, die Informationen über Potsdam enthalten.

Außerdem liegen in Geschäften und Lokalen die Gratiszeitschrif-

Eingang zum ältesten Großatelier-Filmstudio der Welt

ten und Magazine »friedrich«, das Stadtmagazin »In Potsdam«, »Events – das Potsdamer Stadtmagazin« oder das Familienmagazin »Potskids« mit einem Veranstaltungskalender aus.

Sightseeing, Touren

Rundgänge:

Altstadtrundgang
Start: Tourist Information, Humboldtstr. 1/2
☎ (03 31) 27 55 88 99
www.potsdamtourismus.de
April–Okt. tägl. 15, Nov.–März Sa So 14 Uhr, 2 Std., € 9
Spaziergang durch die historische Mitte.

Potsdamer Hinterhöfe
Start: Tourist Information, Am Luisenplatz 3
☎ (03 31) 27 55 88 99
www.potsdamtourismus.de
April–Okt. Fr 16 Uhr, € 9
Unterhaltsamer Rundgang zu versteckten Orten in der Potsdamer Altstadt.

Historische Mitte: Alter Markt, Landtag und Alte Fahrt
Start: Tourist Information, Humboldtstr. 1-2
☎ (03 31) 27 55 88 99
www.potsdamtourismus.de
April–Okt. Sa 11 Uhr, 1,5 Std., € 8
Der Alte Markt mit dem Alten Rathaus, dem Museum Barberini, der Nikolaikirche und dem Landtag steht im Fokus.

Wandeln in der Galerie des Königs
Start: Tourist Information, Am Luisenplatz 3
☎ (03 31) 27 55 88 99
www.potsdamtourismus.de
Mai–Okt. Sa 11 Uhr, 3 Std., € 15
Rundgang durch die Parkanlage von Sanssouci mit Innenbesichtigung der Bildergalerie.

Babelsberg – Filmstars, Villen, Weltgeschichte
Start: S-Bhf. Griebnitzsee, Empfangsseite Wasserseite
☎ (03 31) 27 55 88 99
www.potsdamtourismus.de
April–Okt. 1. und 3. So im Monat 11 Uhr, 3 Std., € 10
Rundgang durch das Viertel am Griebnitzsee.

Studio Babelsberg Tour
Filmstudio Babelsberg
☎ (03 31) 721 21 32
www.studiobabelsberg.com
Mo–Fr nur nach Anmeldung 10 Tage im Voraus, ab zwei bis max. 15 Pers., 2 Std., € 25 pro Person
Interessante Tour durch die Filmstudios, allerdings nur für Teilnehmer ab 18 Jahren.

Stadtrundfahrten:

Potsdam City Tour (Hop on hop off)
Verschiedene Abfahrtsstellen: u. a.
Hbf., Luisenplatz, Alexandrowka
© (03 31) 97 43 76
www.potsdam-city-tour.de, € 17/6
Rundfahrt mit Live Guide und
neun Haltepunkten, an denen
man den ganzen Tag zu- und
aussteigen kann.

Kaiser Tour
Ab Hbf., © (015 90) 401 11 91
www.kaiser-tour.de
Tägl. 12 und 13 Uhr, 2–3 Std., Preise auf Anfrage
In nostalgischen Bussen durch das
historische Potsdam mit drei ge-
führten Spaziergängen.

Sonstiges:

Potsdam per Kanu
Ab Glienicker Brücke und Cam-
pingplatz Sanssouci
© (03 31) 270 42 80
www.wassersport-in-potsdam.de
April–Okt. tägl. 4-stündige Touren,
39 € inkl. Kanu und Ausrüstung
Geführte Kanutouren durch das
historische Potsdam.

Preußen-Kanu
Vgl. S. 104.

Potsdam per Pedales
Vgl. S. 103.

Schifffahrt in Potsdam
Vgl. S. 75.

Neue Perspektiven auf Potsdam
Ab Flugplatz Saarmund ➡ aC3
© (033 28) 351 53 01
www.flypotsdam.de
März–Okt. tägl., Flugzeit 35 Min.,
ab € 86
Rundflug über Potsdam.

Verkehrsmittel

Potsdam lässt sich zu weiten Teilen gut zu Fuß erkunden. Orien-
tierung für Fußgänger bietet ein
Leitsystem, das sie auf den kür-
zesten Wegen zu den jeweiligen
Sehenswürdigkeiten weist.

Aber die Stadt verfügt auch
über ein gut ausgebautes Ver-
kehrsnetz mit Bussen, Straßenbahnen, Schiffen und Wasser-
taxen.

Verkehrsknotenpunkt ist der
Hauptbahnhof, von dem aus die
Busse und Trams in die Innenstadt
und fernere Stadtbezirke fahren.
Außerdem kann man mit Regio-
nalzügen bzw. der S-Bahn zu den
Bahnhöfen Charlottenhof, Pirsch-

Potsdam mit dem Mietfahrrad entdecken

Potsdamer Wassertaxi vor der Pfaueninsel: Die gelben Linienboote steuern viele wichtige Sehenswürdigkeiten an

heide, Griebnitzsee oder Babelsberg gelangen.

Gleich gegenüber vom Bahnhof, an der Langen Brücke, befindet sich auch der **Hafen von Potsdam**. Hier starten neben den Ausflugsdampfern die Schiffe vom Potsdamer Wassertaxi.

Umfangreiche Infos zum **Verkehr in Potsdam** unter:

℡ (03 31) 661 42 75 (Hotline der ViP, Verkehrsbetriebe in Potsdam) www.mobil-potsdam.de www.swp-potsdam.de

Über weiter entfernte **Strecken ins Umland** informieren:

℡ 01804-28 35 28 www.havelbus.de ℡ (030) 25 41 41 41, www.vbb.de

Mit Bussen und Straßenbahnen
Busse und Straßenbahnen verkehren zwischen 4 und 1 Uhr. Danach beginnt der Nachtverkehr der Busse.

Es gibt drei **Tarifzonen** (A, B, C), wobei die meisten Touristen sich auf den Innenstadtbereich (A, B) beschränken.

Das **Ticket** für eine Fahrt kostet € 2,10 bzw. € 1,50 (6–14 J.); es ist 60 Minuten lang gültig. Die Kurzstrecke kostet € 1,50/1,10 (vier Haltestellen).

Die **Tageskarte** € 4,20/3 (Tarifbereich AB), € 4/3 (Tarifbereich BC) oder € 5,80/4,30 (Tarifbereich ABC) lohnt sich ab drei Fahrten. Außerdem gibt es **Kleingruppenkarten** zum Preis von € 10,50 (AB), € 10 (BC) bzw. € 14,70 (ABC), bei der bis zu fünf Personen einen Tag lang innerhalb des jeweiligen Tarifgebiets beliebig oft fahren können. **7-Tages-Karten** kosten € 13,60/10,20.

Außerdem gewährt die **Potsdam & Berlin WelcomeCard** (vgl. S. 81) 48 bzw. 72 Stunden oder fünf Tage lang freie Fahrt mit den öffentlichen Verkehrsmitteln.

Mit dem Auto
Das Auto ist kein ideales Verkehrsmittel, da es in Potsdam je nach Tageszeit häufig zu Staus in der Innenstadt kommt. Außerdem erschweren viele Einbahnstraßen und eine z. T. komplizierte Verkehrsführung das Fahren. Zudem sind die Parkmöglichkeiten beschränkt, Falschparker werden schnell zur Kasse gebeten.

Für Besucher, die mit dem Pkw anreisen, gibt es ein **Park-and-**

Das von Cafés gesäumte
Nauener Tor ist ein beliebter
Treffpunkt

Ride-System mit Parkplätzen bzw. -häusern am Bahnhof Pirschheide, BUGA-Park, Nutheplatz, Bahnhof Griebnitzsee, Johannes-Kepler-Platz sowie Rehbrücke. Von hier aus gelangt man bequem mit öffentlichen Verkehrsmitteln ins Stadtzentrum.

Neben den üblichen Anbietern von **Leihwagen** wie Avis (www.avis.de), Europcar (www.europcar.de), Hertz (www.hertz.de) und Sixt (www.sixt.de) gibt es auch den lokalen Anbieter HHT-Cars (www.autovermietung-potsdam.de).

Mit dem Potsdamer Wassertaxi

Eine gute Möglichkeit, sich in der Stadt fortzubewegen, ist das Potsdamer Wassertaxi, ein Linienverkehr per Schiff mit festem Fahrplan. Von den 13 Stationen des Liniennetzes lassen sich zwischen Ende März und Ende Oktober viele Sehenswürdigkeiten bequem erreichen (vgl. S. 104).

Mit dem Taxi

Taxis sind am Hauptbahnhof sowie an vielen zentralen Orten der Innenstadt (Luisenplatz, Bassinplatz) zu finden: ☏ (03 31) 29 29 29, www.taxi-potsdam.de.

Mit dem Fahrrad

Eine gute Alternative zu den oben genannten Verkehrsmitteln ist das Fahrrad, mit dem sich das Stadtgebiet bei entsprechender Witterung ideal erkunden lässt. Dazu trägt auch ein spezielles Fahrradleitsystem bei, das einen auf die besten Strecken weist. Verleihstellen gibt es sowohl am oder im Hauptbahnhof wie an mehreren Punkten der Stadt, ebenso gibt es an mehreren Stellen einen Reparaturservice (vgl. S. 73 f.).

Zu beachten ist allerdings, dass das Radfahren im Park Sanssouci, im Neuen Garten und im Park Babelsberg nur auf wenigen ausgezeichneten Wegen und dies auch nur in Schrittgeschwindigkeit erlaubt ist. Welche Wege dies sind, ist aus den Übersichtstafeln an den Parkeingängen zu erfahren. Bei Zuwiderhandlungen werden mitunter empfindliche Geldbußen fällig. ■

In der Nauener Vorstadt dominieren repräsentative Villen wie die Villa Henckel auf dem Pfingstberg

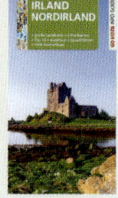
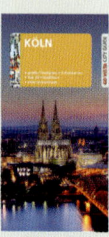

Alamy/imageBROKER/Karl F. Schömann: S. 83
Hanne Bahra: S. 51
Braumanufaktur/Forsthaus Templin, Potsdam: S. 75
Confiserie Felicitas/Katharina Behling: S. 92
Filmmuseum Potsdam: S. 42
Filmpark Babelsberg GmbH, Potsdam: S. 99
Flickr (CC BY-SA 2.0)/János Balázs: S. 28
Fotolia/ArTo: S. 3 o. r., 73,; Detlef: S. 35; Dieter76: S. 103; Fhmedien_de: S. 60; Tilo Grellmann: S. 31 o.; Increa: Schmutztitel (S. 1); Tom Klimmeck: S. 18 o.; Kalle Kolodziej: S. 34/35; LianeM: S. 116; Noppasinw: S. 3 o. l., 18 u,; Sean Pavone: S. 39; Philipus: S. 66; pure-life-pictures: S. 33; Rotschwarzdesign: S. 20, 62 u.; Schaltwerk: S. 26; B. W. Schneider: S. 30; spuno: S. 59, 110; Stockfotoart: S. 2 o. Mitte, 21; Katja Xenikis: S. 4/5
FRAU PAUL Blusen/Dirk Sadrinna, Potsdam: S. 94
Fromme & Blum, Berlin/München: S. 85
Bettina Hamann, Potsdam: S. 19, 44 o., 46, 50 u., 79, 80, 82, 86, 87, 90, 93 u., 95, 97
Andrea Herfurth-Schindler, Köln: S. 3 o. Mitte, 43 o., 44 u., 70, 73, 74, 76, 81, 113, 120, 105
Bernd Hiepe, Berlin: S. 52
iStockphoto/Christina Hanck: S. 25; Querbeet: S. 3 u., 104; Peter Probst: S. 37; Senorcampesino: S. 62 o.; typo-graphics: S. 61, 65, 71, 122
Eszter Kalmár, Potsdam: S. 40, 98, 100, 101
L'Osteria, Potsdam: S. 78
Marché Mövenpick Deutschland GmbH, Potsdam: S. 77
Museum Barberini/Steffen Lehmann: S. 48; Helge Mundt: S. 6 u. l., S. 47, S. 49 o., S. 49 u.

Museum Fluxus, Potsdam: S. 50 o.
Nikolaisaal/Stefan Gloede: S. 89
Ölmühle an der Havel, Potsdam: S. 93 o.
Sandra Penno-Vesper, Potsdam: S. 31 u.
Andreas Schulz, Potsdam: S. 7
P3 Projekt/HOCOO, Potsdam: S. 115
Potsdamer Tanztage, fabrik Potsdam/Sandra Morgenstern: S. 114
Potsdamfotograf, Potsdam: S. 84
Shutterstock/ Grischa Georgiew: S. 41; Elena Krivorotova: S. 68, 69; LaMiaFotografia: S. 2 o. r., 38, 64, 67; Seqoya: S. 6 u. r.; travelview: S. 123
Stiftung Gedenkstätte Lindenstraße/Günter Schneider: S. 43 u.
Stiftung Preußische Schlösser und Gärten Berlin-Brandenburg (SPSG): S. 24; Hans Bach: S. 2 o. l., 9, 10, 12, 14 u., 15, 36, 55, 56 o., 56 u., 57, 58, 63; Roland Handrick: S. 16, 106 u.; Gerhard Murza: 53 o., 53 u., S. 107; Wolfgang Pfauder: S. 11 o., 22, 54; Leo Seidel: S. 13, 14 o., 23
TMB Fotoarchiv/Steffen Lehmann: S. 118
UNIDRAM/Göran Gnaudschun: S. 117
VISTA POINT Verlag (Archiv), Potsdam: S. 8, 11 u., 106 o., 106 Mitte, 106 u., 107, 108, 109
Waschhaus Potsdam/Markus Bertuzzo: S. 91
Wassermann/Renate Steinel, Potsdam: S. 96
Weisse Flotte Potsdam GmbH: S. 121
Wikipedia (CC BY-SA 2.5)/Inge Kanakaris-Wirtl: S. 88; (CC BY-SA 3.0): S. 45 o.; Bruhaha: S. 6 o.; Havelbaude: S. 29; Stephan M. Höhne: S. 32; Gawin Stewart: S. 45 u.; Udo Unkelbach: S. 103; Unify: S. 119; Times: S. 27

Schmutztitel (S. 1): Dachgiebel im Holländischen Viertel
Seite 2/3 (v. l. n. r.): Schloss Sanssouci, Holländisches Viertel, Glienicker Brücke, Nikolaikirche, Café Heider, Weberviertel in Babelsberg, die Gotische Bibliothek am Rande des Neuen Gartens (S. 3 u.)
Seite 6/7: Das Grüne Gitter – Haupteingang zum Schlosspark Sanssouci (S. 6 o.), Sommer im Holländischen Viertel (S. 6 u. r.), Besucher der Ausstellung »Hinter der Maske. Künstler in der DDR« im Museum Barberini (S. 6 u. l.), Glienicker Brücke (S. 7)

Konzeption, Layout und Gestaltung dieser Publikation bilden eine Einheit, die eigens für die Buchreihe der **Go Vista City/Info Guides** entwickelt wurde. Sie unterliegt dem Schutz geistigen Eigentums und darf weder kopiert noch nachgeahmt werden.

© VISTA POINT Verlag GmbH, Birkenstr. 10, D-14469 Potsdam
2., aktualisierte Auflage 2018
Alle Rechte vorbehalten
Reihenkonzeption: Andreas Schulz & VISTA POINT-Team
Bildredaktion: Andrea Herfurth-Schindler, Ellen Schwarz
Aktualisierung und Erweiterung: Jochen Könnecke
Lektorat: Christine Berger, Ellen Schwarz
Layout und Herstellung: Kerstin Hülsebusch-Pfau
Reproduktionen: Henning Rohm, Köln; Noch & Noch, Datteln
Kartographie: Kartographie Huber, München
Druckerei: Colorprint Offset, Unit 1808, 18/F., 8 Commercial Tower, 8 Sun Yip Street, Chai Wan, Hong Kong
VP12XVII

ISBN 978-3-96141-184-9

An unsere Leser!
Die Informationen dieses Buches wurden gewissenhaft recherchiert und von der Verlagsredaktion sorgfältig überprüft. Nichtsdestoweniger sind inhaltliche Fehler nicht immer zu vermeiden. Für diese übernimmt der Verlag keine Haftung. Für Ihre Korrekturen und Ergänzungsvorschläge sind wir dankbar.

VISTA POINT Verlag
Birkenstr. 10 · 14469 Potsdam
Telefon: +49 (0)3 31/81/ 36-400 · Fax: +49 (0)3 31/017 36 444
info@vistapoint.de · www.vistapoint.de · www.facebook.de/vistapoint

Potsdam
Tageslinienetz

Daytime Network ABC Tarifbereich Potsdam ABC *tariff area of P*

Bahn S Tram BUS F

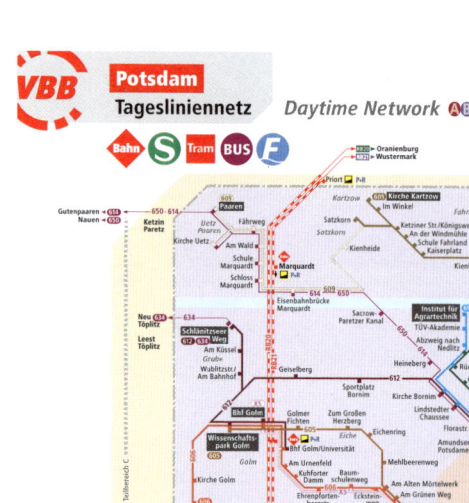

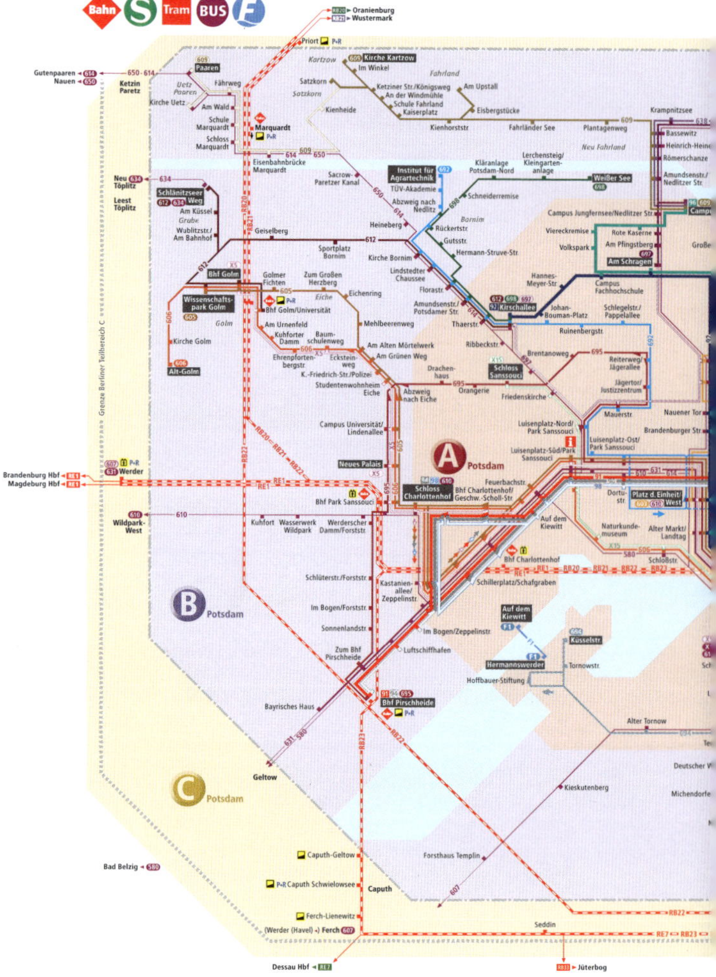